融資を引き出す

創業計画書

改訂新版

つくり方・活かし方

[監修] 西内孝文
[編集協力] 創業・起業を支援する士業の会
[著] エッツサム

出版

はじめに

ここ十年来、創業がブームとなっています。日本政策金融公庫が２０２４年4月に発表した２０２３年度の創業融資の実績（創業前及び創業後1年以内）は２万６４４７件で、とくにここ数年は創業1年以内より創業前の融資の実績が増えています。

また最近は、創業前融資に関して若者とともに50～60代の中高年に対する融資実績も増え、飲食店・宿泊業への融資の増加が顕著になっています。日本政策金融公庫のニュースリリースでは、「創業前融資ではすべての年代で前年度の実績を上回り、幅広い層で『創業』を働き方の選択肢の一つとする動きが活発化してきている」としています。

本書は、このような創業ブームを受け、「創業融資を受けるために欠かせない創業計画書」の書き方や融資を受けるときの面談のしかたなどについてまとめました。とくに、これまで事業を自分で営む経験がまったくなかった人に対して、できる限りわかりやすく平易な言葉で、かつ基本的で重要な事項を中心に解説しています。

第1章では、創業計画書とはどんな書類であり、なぜ、何のために必要かなど、いわゆる創業計画書の初歩的なことについてまとめています。

第2章では、創業計画書の典型例ともいえる日本政策金融公庫のフォーマットを例に挙げ、「創業計画書の書き方や留意点」を解説しました。公庫の『創業の手引』を踏まえるとともに、私たちの主張も盛り込んでいます。

第3章では、第2章で紹介した創業計画書を持参して実施する「面談」とその留意点について、実態に即してまとめています。

そして第4章では、創業計画書の作成から面談、また融資が実行されるまで、さらに融資が実行されたあとも欠かすことのできないパートナー（税理士や行政書士、経営コンサルタントなど）の探し方や依頼のしかたなどについて解説しています。

本書の内容を踏まえることにより、どんな人でも着実に創業計画書を作成することができ、創業融資の実行に結びつけることができるでしょう。さらに、創業計画書の作成で培ったスキルは、2年目以降の「事業計画書」を作成する際の基礎となり、創業後に活用したい補助金や助成金の受給にも役立つはずです。

このことは、何より創業した事業を着実に軌道に乗せることにつながります。それも、スピーディーに、数か月後、半年後には軌道に乗せることができるようにするための基礎（土台）となるのです。

その後の展開は、まさにあなた次第。創業した事業をより発展させることも、深く探求することも、同じ業態で多店舗化することも、さらに異業種で多角化したり、まったく異なる新たなビジネスに進出したりすることも可能。あなた自身の創業計画書をつくり上げることで、まさにあなたの意欲や経営センスを活かして事業を営むことができるようになります。

さあ、本書を読んで、その第一歩を踏み出してみましょう。私たちは、本書を通して、全力を込めてあなたの創業をサポートすることをお約束します。

本書の内容はとくに断りのない限り、２０２５年１月の情報に基づいています。

はじめに …… 3

プロローグ
どんな創業計画書で面談に臨んでいますか?

担当者から突っ込まれて、頭が真っ白に …… 14
熱くビジネスモデルを語ったけど、話を聞いてもらえない …… 17
事業の見通しについて説得できない …… 20
資金計画の甘さを突かれて何も言えない …… 24
不測の事態を考えていなかった …… 26

第1章 ホントに必要？ 創業計画書の5W1H

01 WHY？ 創業計画書はなぜ必要なのか …… 30
02 WHEN？ 創業計画書はいつ作成するのか …… 36
03 WHERE？ 創業計画書をどこで作成するのか …… 40
04 WHO？ 創業計画書は誰が作成するのか …… 42
05 WHAT？ 創業計画書に何をまとめるのか …… 46
06 HOW？ 創業計画書をどうまとめるのか …… 49

第2章

融資を確実に獲得！自信と勇気が湧く創業計画書のつくり方

01 創業融資とは何か、どんな種類があるのか …… 54
02 地方自治体が推進している「制度融資」とは …… 60
03 創業融資は日本政策金融公庫をメインに選ぶ …… 66
04 創業融資を受けるための「創業計画書」とは …… 68
05 創業融資の審査の基準とポイント …… 72
06 事業内容は、自分のビジネス経験を振り返りながらまとめる …… 76
07 「創業の動機」は他の項目に合致する内容がよい …… 82
08 目的にふさわしい「経営者の略歴」をピックアップ …… 86
09 「取扱商品・サービス」でセールスポイントを強調する …… 89

10 「従業員の状況」は〝ひとり起業〟でも雇用創出の意欲を示す……100
11 「取引先・取引関係等」は副業の実績も積極的に記入する……103
12 「関連企業」は、あれば正確に。なければ書かなくてOK……110
13 「お金」に関する項目は常に計算根拠を意識して記入する……112
14 「必要な資金と調達方法」はそれぞれの合計額を一致させる……114
15 「事業の見通し」は根拠を計算式で示す……119
16 損益計算書をつくって返済計画を立ててみよう……126
17 創業計画書がより活きる！ 各種参考資料の集め方……130
18 創業計画書とともに重要な「借入申込書」の記載方法……138
19 許認可手続きについてもしっかり確認する……140
20 融資がむずかしい案件でもリカバリー策はある……144
21 創業計画書の修正は〝実態〟の見直しから……150

第3章

金融機関の面談をうまく切り抜ける方法

コラム　創業面談の回答例とアドバイス …… 154
01 記載内容全体を通して根拠の説明方法を整理しておこう …… 169
02 面談の目的は創業者本人の本気度をはかることにある …… 173
03 実際の面談での確認ポイントをまとめて押さえよう …… 178
04 自身のビジネスモデルをお金の流れで整理する …… 184
05 会社の強みを納得させるUSPと4P分析 …… 188
06 成長モデルに説得力を持たせるために根拠を数字で明確にしておこう …… 195

07 人員計画を大きな融資希望額の説得材料として使う …… 200
08 店舗や商品の写真は嘘をつかない説得材料 …… 203
09 初期コストやランニングコストをうまく説明するための資金繰り表 …… 206

伸びる会社にするための パートナーのうまい使い方

01 パートナーにしたい税理士やコンサルタントの見つけ方 …… 212
02 パートナーの本気度は姿勢と提案内容で推し量る …… 216
03 融資を引き出すためのパートナーへの最適な頼み方 …… 219
04 融資の面談時は、パートナーに同席してもらうべき？ …… 223

05 自分自身もパートナーも金融機関も！　みんなスピードを重視する …… 227
06 創業の意気込みを明確にするため「借入額」は最後に書き込む …… 231
07 思いどおりにいかないからこそ資金を借りて事業をスタート …… 234
08 創業計画書が完璧なら制度融資も補助金も大丈夫！ …… 237
09 事業の成功要素を理解し事業計画書に発展させよう …… 240

付録

融資を引き出す創業計画書はコレ！ …… 245

創業・起業を支援する士業の会 …… 250

編集協力・菱田編集企画事務所
イラスト・イノウエプラス

プロローグ
どんな創業計画書で面談に臨んでいますか?

創業計画書をひととおりまとめたら金融機関に提出し、通常は提出した創業計画書をもとにした面談の機会を得ます。相手は金融機関の融資担当者。日本政策金融公庫の創業融資に申し込むことが多いのですが、取引を始めた信用金庫のケースもあるでしょう。

面談は概ね30分程度ですが、面談を受ける側は絶対の自信を持って臨んでいる人もいれば、初めての経験でオドオド・ソワソワしている人もいます。

そんな状況を再現してみましょう。

担当者から突っ込まれて、頭が真っ白に……

ほとんどの人が融資担当者から聞かれることが「創業の動機」です。「動機なんて、あらためて考えたことがなく、答えにくい」という創業者が多いなかで、「創業者が自分らしく、融資担当者にとっては納得性のある」ことを表現できるのも、この「創業の動機」です。

「創業の動機について、あらためて教えてください」

「えっ？　創業計画書に書いたとおりですが……」

「書かれてはいますが、自分の言葉であらためてお聞きしたかったのです」

「私は3人きょうだいの真ん中に生まれて、小中高と都内の学校に通い、大学を出て大手メーカーの研究所に勤めました。勤めて10年、研究成果から商品化にこぎつけたものもいくつかあります。その間に結婚して……」

「す、すみません。あなたの生い立ちをうかがっているのではなく、創業の動機をうかがっているのです」

「そうでした。すみません。勤めて10年、順調にいっていた仕事がうまくいかないこともあり、そんなとき、自己啓発セミナーに出席しました。ここが起業に至った大きなターニングポイントで……」


これでは創業の動機だけで面談時間の30分を軽くオーバーしかねません。創業に至る経緯と創業に込めた思いは伝わるかもしれませんが、伝わったことが創業融資につながるとは思えない。「自分の話さえ整理できない人」と思われかねません。

融資担当者は、創業の動機についても他の項目についても、ほぼワンコメントでの返答を求めています。それが創業計画書を補足して説得力のあるものか、納得できるものか、見込みのあるも

のかを直感的に理解します。

「起業には夢を感じます」などと絵空事で答える人も、「私は北海道で生まれて……、メーカーの研究所に勤めて20年」などと生い立ちを語り始める人も、「私には妙に人を惹きつける魅力があるようで……」などと〝自分を語り始める〟人も、その返答は融資担当者にとって的外れな回答なのです。

ここは、創業計画書に書いた「創業の動機」に、その根拠となるひと言を補足するだけで十分です。そのひと言とは、

・「起業には夢を感じます」→「夢の実現のために５００万円貯蓄し、自己資金としたい」と、通帳を見せる
・「私は北海道で生まれて……メーカーの研究所に勤めて20年」→「直接の動機は、これまでやってきた研究所の成果を社会課題の解決につながる別の分野に活かしたい」と、課題解決に協力してくれる仲間の存在を示す
・「私には妙に人を惹きつける魅力があるようで……」→これまで人を集めて取り組んできたイベントなどに触れ、「これを事業化したい」と強調する

といったことで十分です。返答に困るほど黙り込む人もいれば、饒舌になる人もいます。気をつけましょう。

・創業の動機は、「創業者が自分らしく、融資担当者にとっては納得性のある」ことを表現する
・面談では創業計画書に書いた「創業の動機」に、その根拠となるひと言を補足する

▼本文82ページ参照

熱くビジネスモデルを語ったけど、話を聞いてもらえない

融資担当者は創業者に「どういうビジネスを始めるか」を端的に示してもらうと、理解がより深まります。

そのときは、「ヒト・モノ・カネ・情報」という経営資源をどう活かして付加価値を高め、どんな販売先・取引先に納め、販売するのかを、一連のビジネスモデルとして示してもらったほうが、融資担当者にとってはわかりやすいのです。

「顧客を集めて勉強会を開くなどして会員組織化して投資の助言を行う、というビジネスの流れは概ねわかりました。では、そのビジネスが実現可能な根拠を教えてください」

「特に中高年者は年金額の少なさを何らかの方法でカバーしたいと思っているはずです。その人たちをうまく取り込むことができれば、着実に事業を伸ばすことができます」

「すみませんが、私は〝たられば〟の話をうかがっているのではありません。たとえば顧客リストをどう集めるか、それを会員組織化する方法、投資の助言を行う資格を取得しているか、などについてうかがっているのです」

「正直なところ、やってみなければわかりません」

「それは、どんなビジネスでも同様です。だからこそ、どういうビジネスかとともに、どこまで手がけていて、どういう成果があったかを教えていただけるとわかりやすいのですが」

「前に顧客リストとしては300名ほどがいて、会員組織に入ることを呼びかければ1割くらいは対応いただけると思っています。必要な資格は現在持っていないので今後取得します」

「300名のリストとして30人の会員組織、年会費12万円として会費総額は360万円。付随してビジネスを行うにしても、生活が成り立たないように思います」

多くの創業者が自分のビジネスについては熱く語ります。それをビジネスモデルとして融資担当者に提示する人もいるでしょう。

ところが融資担当者は、提示されたビジネスモデルを〝逆の視点〟から確認します。たとえば上から下へ、仕入から販売へと記された1枚のビジネスモデルの図を、逆に下から上へ、つまり販売代金から仕入代金が支払えるか、お金の流れを見るのです。すると、そのビジネスモデルが〝たられば〟、すなわち仮定で成り立っているかどうかが一目瞭然です。

お金の流れに無理や齟齬があれば、そのビジネスモデルは成り立ちません。融資したとしても完済されない可能性があるのです。それがわかれば、どんな熱弁も融資担当者には通じません。

「1割を組織化できるとのことですが、それは大変ですよ」

「会員組織をつくるとして、会員にどんな商品やサービスをいくらで提供するのですか」

「投資助言を行うなら3年ほどはその業務の実務経験が必要です。それがないとなると、資格者を雇わなければなりません。そういったことは理解されていますか」

などと融資担当者は質問し、返答に窮すれば〝思いつき〟のビジネスモデルと判断されかねません。他とまったく違う新規性の高いビジネスである必要はありませんが、お金が入ってくる妥当性については根拠を示しておくことが大事です。

・ビジネスモデルは端的にわかりやすく記載・説明する
・お金が入ってくる妥当性について根拠を示しておく

▼本文89ページ参照

事業の見通しについて説得できない

「見通しが甘い」とは、創業者にとって耳にタコができるほど聞かされた言葉でしょう。若いうちはともかく、中高年の起業となると、その見通しの甘さが命取りになることさえあります。

「事業の見通しですが、ずっと右肩上がりの成長で大丈夫ですか?」

「大丈夫ですよ！　何より右肩下がりなら創業できないし、融資も受けられないのではありませんか」

「そう投げやりにならずに……。コロナ後も以前と同じように考えていいのか、どう考えているかについてうかがっただけです」

「コロナ後は多くの事業で盛り返しています。私が始める事業も同じように波に乗れるはずです」

「なぜ、同じ波に乗れるのか、その根拠を教えてください」

「なぜ、と言われても困ります。……見通しというものは、本当は何とも言えないものではないでしょうか」

「あと、60歳の早期退職での起業とのことなのでうかがいますが、10年先、20年先、事業はどうなっているか、ご自身で考えたことはありますか?」

「そのときは70歳、80歳になっているのですから、そんな先のことはわかりません」


確かに、3年先、5年先、10年先の見通しは誰にもわからないものです。創業して3年のうちに約2割の企業が廃業に追い込まれるといった話を聞けば、誰もが先行きに不透明感を覚えるでしょう。

しかし、逆に言えば、8割程度、半数以上の企業が軌道に乗っているのです。しかも創業融資を受ける立場としては、「見通しについて説明できない」といったことは許されません。「見通しはわからない」と語る会社に融資はできないからです。

何としても、融資担当者がある程度は納得できる説明が必要です。そのためには、他人の力を借りてもよいでしょう。すなわち、「生き残る事業の条件」といったものに創業するビジネスが合致していることを示したり、「3年頑張ることができれば安定する」という一般的に言われていることにどう適合していくか根拠を示したりするのです。

「数年前に創業した私の知人Aさんはこうやって事業を軌道に乗せました。Aさんのアドバイスも得ながら、学ぶべきところを取り込んでやっていきたい」

このような例を示すことでもかまいません。事業の見通しについて「わからないなりに、どうしていきたいか」の答えを融資担当者は求めています。ですから、「わからないなりに、こう考えています」という端的な答えが必要なのです。

なお、ある金融機関では創業者も継続している事業者も、60歳以上になる人の新規融資では20年先の事業見通しについて、きちんと確認しています。事業承継についてどう考えているのか、高齢になったとき当初と同様の返済ができるかを、借り手自身にしっかり自覚してもらいたいからです。その答えにより融資できないと判断したり、減額したりすることもあるようです。

創業資金はまさに自分自身が起業する際の融資ですから、事業の見通しとはすなわち「自分自身の見通し」と考えてもよいでしょう。自分がずっと健康であったこと、今も健康に留意していることを強調して新規の融資交渉を乗りきった中高年起業家もいれば、自分がこれまでに貯めた数千万円の預貯金額や資産額を示し、「事業で何があっても、乗りきれる」と説得した人もいます。説得の材料は「事業」そのものだけでなく、何があっても完済できる根拠でもいいのです。

融資担当者は見通しが正確であるかを確認しているというより、「どういう見通しを立て、それに対してどういう用意をしているか。そのことに納得できる根拠はあるか」を聞いている、と心得ましょう。

融資を引き出すPoint

・事業の見通しについては「わからないなりに、どうしていきたいか」の答えを用意しておく

・年齢や健康状態など、自分自身の見通しも立てておく

▼本文119ページ参照

資金計画の甘さを突かれて何も言えない

　事業の見通しとともに資金計画の見通しが甘く、面談でそこを突かれて何も言えない状態になっているケースもあります。そういった創業者の資金計画の多くは、創業時に立てた資金計画の数字を、収益は数％アップで引き延ばし、返済は一定額ずつ減っていく、いわゆる創業年度の数字をそのまま移行して書き込んだだけといった傾向があります。

「この資金計画、他社の資金計画表に沿って数字を入れ替えただけではありませんか」

「正直にいうと、そのとおりです。そもそも数字には疎くて、資金計画表に載せる項目の意味も実はよくわかっていません」

……

……

「しかたないですね」

必要な資金計画

		創業時	1年後	2年後	3年後	4年後	5年後
設備資金	①店舗・工場など（大まかな内訳を書いておく）						
	②機械装置・車両・備品など（大まかな内訳を書いておく）						
運転資金	①開業に必要な仕入代金・経費支払・賃金など（大まかな内訳を書いておく）						
	合計	A					
調達方法	①自己資金（銀行・支店名なども書く）						
	②その他、家族・親族などからの借入金（内訳・返済方法なども書く）						
	③金融機関からの借入金（内訳・返済方法なども書く）						
	合計	B					

※創業時はAの額とBの額が一致するように、2年目以降は「事業の見通し」を見極め、資金の手当ての必要性も考慮する

資金計画表がわからないのであれば、他社の資金計画表をなぞらえたとしても、一概に「間違いだ、よくないことだ」とは言いきれません。しかし、少なくとも書き込んだ項目が何を意味し、金額の推移にどういう妥当性があるかは説明できるようにしておきたいものです。

いきなり3年先・5年先の資金計画表の数字を埋めて創業計画書に添付するのはむずかしいもの。そこで、上図のような簡易的な資金計画表をつくり、自分で書き込んでみましょう。これを見れば、資金に対する創業者の考えを融資担当者が推し量ることもできます。

数年先に本当に挙げた数字どおりになるの

が望ましいのですが、それ以上に大事なのは、そうやって資金のことをしっかりと考えていると融資担当者に示すことです。

・創業計画書に書き込んだ項目が何を意味し、金額の推移にどういう妥当性があるかを説明できるようにしておく
・簡易的な資金計画表をつくり、自分で書き込んでみる

▼本文114ページ参照

不測の事態を考えていなかった

どんな創業でもなかなか予定どおり進むとは限りません。むしろ、予定どおりにいかないことが多いものです。予定どおりにいかなかったら、融資担当者がとがめるわけではありませんが、面談では「予定どおりにいかない場合はどうするか」を聞いてくるものです。

「損益も資金も事業内容も、もし計画どおりにいかなかったらどうしますか？」

「予定どおりにはいかないから計画なんです。今は『計画以上の事業にしてみせる』という意欲を買ってください！　お願いします！」

「意欲だけでは返済できませんよね。うかがっているのは、計画どおりにいかなかったときにどう対処するかです。そこを何も考えていないとなると、結局、リスク対応力がまったくない創業ということになりますね」

「不測の事態に備えよ、ということですよね。でも、不測の事態を予測するより『何があっても乗りきる！』という覚悟や自信が大事ではないでしょうか」

結局のところ、創業融資を受ける際に、融資担当者にとって重要なのは「何があっても返せるアテがあるか」ということです。不測の事態を乗りきる覚悟や熱意、自信を確認しているのではありません。

不測の事態を考えていないと融資担当者に思われるのを避けるには、何より「どんな事態にも対応できる資金的余力がある」と示すことが大切です。端的に言えば、「手持ち資金を用意できていること」です。不測の事態

の内容を列挙し評論しても、融資担当者は理解を示してくれないでしょう。

融資を引き出すPoint
・どんな事態にでも対応できる資金的余力があることを示す
・手持ち資金を用意しておく

▼本文114ページ参照

これらのことを理解いただいたうえで、創業計画書をどうまとめたらよいか、に話を進めていきましょう。

第1章

ホントに必要?
創業計画書の5W1H

01

WHY?
創業計画書はなぜ必要なのか

●「創業融資を受けるため」には必須

創業計画書はなぜ必要なのでしょうか。また、何のために作成するのでしょうか。

創業計画書をはじめ**事業計画書**というものは、目的や用途に応じて使い分け、書き分けるものです。その計画書を見る人、見せる相手に応じて、どの部分に力点を置くかが変わり、計画書をまとめる目的が変わってきます。つまり、その目的に応じてつくり分けていくものなのです。

創業計画書の目的は、

- **出資者を含めた仲間を募るため**
- **新しい取引関係を構築するため**
- **自分自身のビジネスを自分なりにブラッシュアップするため**

など、さまざまあります。ただ、第一の目的は、

・金融機関から創業融資を受けるため

にあると考えてください。

●創業計画書で「時間」を買う⁉

では、**創業融資を受ける**という目的には、どんな意味があるかを見ていきましょう。

まず1点目に挙げられるのは、**時間を買う**ということです。

無一文でビジネスをスタートさせる人はまずいません。どんな人でも、手がけてみたいビジネスを思い描いて実際に起業しようとしたとき、そのビジネスに応じた「頭金、軍資金」が必要になります。そうした資金を自分でコツコツと貯めたお金でまかなうことができれば、それに越したことはありません。しかし、それだけに頼るのはあまり現実的ではありません。何よりそれは大きな機会損失であるともいえます。

ビジネスのスタートにあたって、1000万円の資金が必要だとしましょう。その1000万円をコツコツと貯めていくことを考えてみてください。きっと、ほとんどの人がいつまで経っても貯めることができないと思うのではないでしょうか。自分や家族の生活があり、家のローンの返済もあり、せいぜい10年で300万円、500万円を事業資金として貯めるのが精一杯といった人も多いことでしょう。

たとえば、あなたが創業するとしたら、1000万円が貯まるまでプラス10年間貯蓄に励むか、1000万円まで残り500万円、700万円を借り入れてビジネスをスタートさせるか、どちらに勝算があると思いますか。断然、後者だと思いませんか？

その10年で、誰もが10歳、歳をとります。なかには、その10年で起業家になる夢、自分のビジネスを立ち上げる夢をあきらめてしまう人もいるかもしれません。

また、いま思いついたビジネスに10年後も変わらぬニーズがあると言いきれる人がどれだけいるでしょうか？

そう考えると、自分でビジネスを始めるという思いが本気であればあるほど、思いが募ったいまが吉日。自分でコツコツと貯めた自己資金ではまかないきれないとき、融資は大きな力となってくれるのです。

本書は、個人で自分の会社を設立し、ビジネスを始める人に向けた**創業融資を受けるための創業計画書**のつくり方を前提としています。多くの人の現実的な資金状況を踏まえると、「自己資金として数百万円は用意できるけど、1000万円くらいは借り入れてスタートさせたいという人のための創業計画書のつくり方」を中心にまとめました。

創業計画書は「創業融資を受けるため」に作成しますが、そのことは前述のような創業までの機会損失を避けることにつながります。そのことに加え、ゆとりのある運転資金は、事業の芽が出るまでの時間の猶予を与えてもくれるのです。

それが「時間を買う」ということです。小さすぎる創業資金でビジネスを始めてしまい、数か月しか事業を維持できなかったという人の話をよく耳にします。しかし、創業計画書をもとにして、創業資金として〝適正な不足額〟を創業融資で受けることができれば、軌道に乗るまでの事業の維持もしやすくなります。

●お金を貯める習慣としくみをつくる

また、創業計画書をまとめることは、**事業のためのお金を貯める習慣としくみ**をつくることにも役立ちます。これも創業計画書がもたらす効果といってよいでしょう。

創業融資を受けるには、コツコツとお金を貯める習慣を持ち、それを自己資金に使えるタイプの人のほうが実際には有利です。なぜなら、お金を貸す側としては、散財してしまうタイプではなく、堅実な人のほうが安心できるからです。創業計画書をまとめることは、その堅実なタイプになるための動機づけになるのです。

「再来年には創業しよう。そのためには創業融資を受ける必要がある。この機会に一度、自分なりに創業計画書をまとめてみよう！」と考えれば、「1000万円を借りるには300万円くらいは自己資金があったほうがいいな。手持ちのお金はいま150万円。残りの150万円を2年で貯めるぞ！」と思えるはず。そうなれば、毎月貯金すべき額も明確になり、自己資金の確保の大きな動機づけになります。

つまり、創業計画書の目的は、自分の事業の内容に磨きをかけ、明確にするだけではなく、「創業のために必要なお金の額を明確にすることで、**貯める動機づけになる**」という副産物もあるのです。

●自分の頭を整理する

創業計画書を作成することには、**自分の頭のなかで考えていることがよく整理できる**という効果もあります。創業前には、多くの人が「あれをやりたい」「こうやってみたい」と、いろいろな目標を自分の頭のなかで思い描くものです。ところが、それを書き出してみようとすると、なかなかまとまらなかったり、何かが抜けていたりします。

その原因はさまざまで、他人目線で事業を見ていないことが影響し、「何を言いたいのかわかりにくい」ということもあるでしょうし、「お客さんのことをあまり考えず、自分の都合を重視していた」「どうやって商品を売っていくのか、果たして売れるのか、現実的には考えていなかった」ということもあります。

ただ、創業計画書をまとめることで、そうした「起業時の穴」をふさぐことができれば、ビジネ

創業計画書は、なぜ必要なのか

- ▶ 軌道に乗せるための「時間」を買う
- ▶ お金を貯める習慣としくみをつくる
- ▶ 創業する自分の頭を整理する

スの成功確率を上げることができます。

たとえば、「開業する店にお客さんがちゃんと入るかどうか」を考えるにしても、それを考えられるのは、創業の前、店をオープンする前だけです。創業したあとは、毎日、仕事に追われ、そういったことをじっくり考える余裕はありません。

創業の前であれば、来店を促すための看板やチラシをどのようにつくり、どう設置し、配布するか、ウェブページの導線をどうするか、競合店との差別化をどう図るかなど、たくさんの課題をじっくりと考えることができます。

そして、それらには、広告費などが一定以上かかることがわかり、資金をいくら調達することが必要になるかも明確になるのです。

02

WHEN? 創業計画書はいつ作成するのか

●いま、思い立ったときに作成してみる

創業計画書は、創業にあたって最初に作成する事業計画書です。文字どおり、**創業時**には用意しておく必要があります。

では、創業前のいつ頃から意識して考え、書き始めたらよいのでしょうか。ズバリ言うと、**思い立ったとき**に書いてみるのが一番です。

たとえば、一人、仕事の合間にでも喫茶店に入り、おぼろげながら「独立・起業・創業」などについて「やってみようかな」と思い描いたとき。「そう、そのとき」です。手元のナプキンに「何をやろうか。自己資金は？　借入は？　毎月かかる経費は？　赤字かな？　それとも黒字かな？」などを書いてみることから始めてみてもOKです。

「5年後には独立して事業を始めるぞ！」と考えた人は、5年先の自分をイメージして、いまから

創業計画書は、いつ作成するのか

▶ 手元のメモからでもOK

▶ 頭のなかで仕上げたことに満足しない

▶ 「お金が貯まって余裕ができてから」では実現しない

創業計画書を書いてみることが大切です。

創業までの具体的なスケジュールが意識できているような創業数か月前の人であれば、そのスケジュールを意識した創業計画書をいま、まとめてみましょう。

●自分の頭のなかだけで仕上げたことに満足しない

このとき、大切なことが2点あります。

まず1点は、頭のなかでアレコレと考えるだけでなく、**実際に書いてみる、紙の上に表現してみる**ことです。想像したり、考えたりするだけでは、どうしても考えが散漫になってしまい、結局、何を言いたいのか、すなわちビジネスとして何をやりたいのかが不明瞭になりがちです。そして、不明瞭なまま創業を迎えることにもなりかねません。

もう1点は、前述した散漫になってしまうことを避けるために、機会を見つけて**何度も見直し、書き直してみる**ことです。

創業計画書でよくあるミスが、計画書を一回仕上げてみて、「コレ、最高！」といった気分になるというもの。自分一人の頭のなかで考えて仕上げただけでは、ほかの人の目線で見ることができていないので、他人が読むとわかりにくく、何を主張しているのかもよくわからず、結局、融資担当者が見たときに「コレ、ホントに売れるの？」ということになってしまいます。

「毎日、見直せ！」とはいいませんが、事業を始める前に、たとえばどんな什器・設備が必要なのかのメドが立ったとき、新たな顧客や取引先と創業に向けた打ち合わせをしたときなど、具体的に何かしらの動きや変化があったときに創業計画書を見直してみて、必要な部分を書き直してみるとよいでしょう。

それは、他の人と、自分の新しい事業に関して雑談したときなどでもかまいません。たとえば「そうだ、この人の観点から商品・ビジネスの構成を見直してみてもおもしろい！」と感じたとき、早速、創業計画書を修正してみるのです。ただ、そのときに忘れてはいけないことがあります。それは、創業計画書の作成、修正などをしたときに**日付**を入れておくことです。このことにより、漠然とした目標が予定・スケジュールとしてイキイキとしたものになってきます。

●「試し書き」すると、本気度が増してくる！

実際に書いてみて、機会を設けて修正してみる。一回、全体を書き込める範囲で書き込めば、創業の熱意のある人なら誰でも〝**行間**〟を埋めたくなります。スケジュールといった時間的なものを埋めることもあれば、〝ぶつ切り〟の事業内容の隙間を埋めるように整理していくこともあるはずです。そうしていくうちに、本気度がだんだんと増してきます。

お金をコツコツと貯めておくことは重要ですが、一方で、「お金が貯まって余裕ができてから真剣に考えたい」という人で、実際に起業して成功した人はあまりいません。多くの人が、事業を起こしたいという熱意につき動かされ、その熱意が周囲の理解・納得を得られるものであれば融資を受けることができ、その資金をもとにビジネスをスタートさせています。

その第一歩が創業計画書を書くことであり、その一歩を踏み出すことで、起業がよりリアルに感じられて原動力になるのです。

03

WHERE?
創業計画書をどこで作成するのか

●「机上のパソコンで」は自明のことだが……

「創業計画書をどこで作成するのか」は自明なことで、「自分の机の上のパソコンで」作成します。〝鉛筆ナメナメ手書きで〟という人もいるかもしれませんが、実態としてはほとんどの人が机の上のパソコンで書き進めることになります。

ただし、ここにも大きな盲点があります。机の上のパソコンで、ということはまさに机上で、それはともすると〝空論〟になりやすいということです。それを避けるため、机上のパソコンに向かうにあたっては入念な**リサーチ**が必要となってきます。

●机上だけでなく、自分の足で調査する

では、「リサーチとは何か」についてここで簡単に触れておきましょう。たとえば飲食業をはじ

創業計画書は、どこで作成するのか

- ▶ 自分なりの入念なリサーチが必要
- ▶ 統計データに頼るだけでなく、自分の足で調べる
- ▶ 基本のソフトは使えるようになろう

め店舗ビジネスを始めるつもりであれば、出店予定地に足を運び交通量・人通りなどを調べる必要があります。また、ＩＴ関係でアプリ開発を事業として行うつもりであれば、他社の開発動向や技術動向などを意識的に調べます。

会社勤めのかたわら副業で収入を得ている人は、事業として成り立っていくかどうか予測を立て、見極めることが欠かせません。

自分は経営に専念し、実際の現場は人を雇ってその人に対応してもらう方法を考えている人は、適任者を雇ったり一緒にビジネスをしたりできるかなど、人材確保面の検討も重要です。成長できる起業家は多くのリサーチを重ね、そのビジネスの素地を固めたうえで創業計画書をより確度の高いものに仕上げていきます。

04

ＷＨＯ？創業計画書は誰が作成するのか

●自分で作成すれば、ビジネスセンスが身につく

創業計画書をまとめるのは、ほかでもない「起業するあなた自身」です。なぜなら、自分自身でまとめると、それが自分のビジネスの検証につながるからです。

少し古いデータですが、２０１７年版の中小企業白書で、企業の生存率は**左図**のようになっています。**創業後5年で約2割の企業が消えている状況がわかります。**諸外国に比べれば日本の企業生存率は高いようですが、消えていく2割に入らないよう対応しなければなりません。また、日本の数字は帝国データバンクに登録された企業の数字ですから、小規模なビジネスは含まれていません。現実はもっと厳しいものがあるでしょう。

一説には、創業して1年で半分のビジネスが消え、3年経てば7～9割のビジネスが消える、それほどに企業は新陳代謝を繰り返しているともいわれています。それほど厳しいのが創業の現実な

起業後の企業生存率

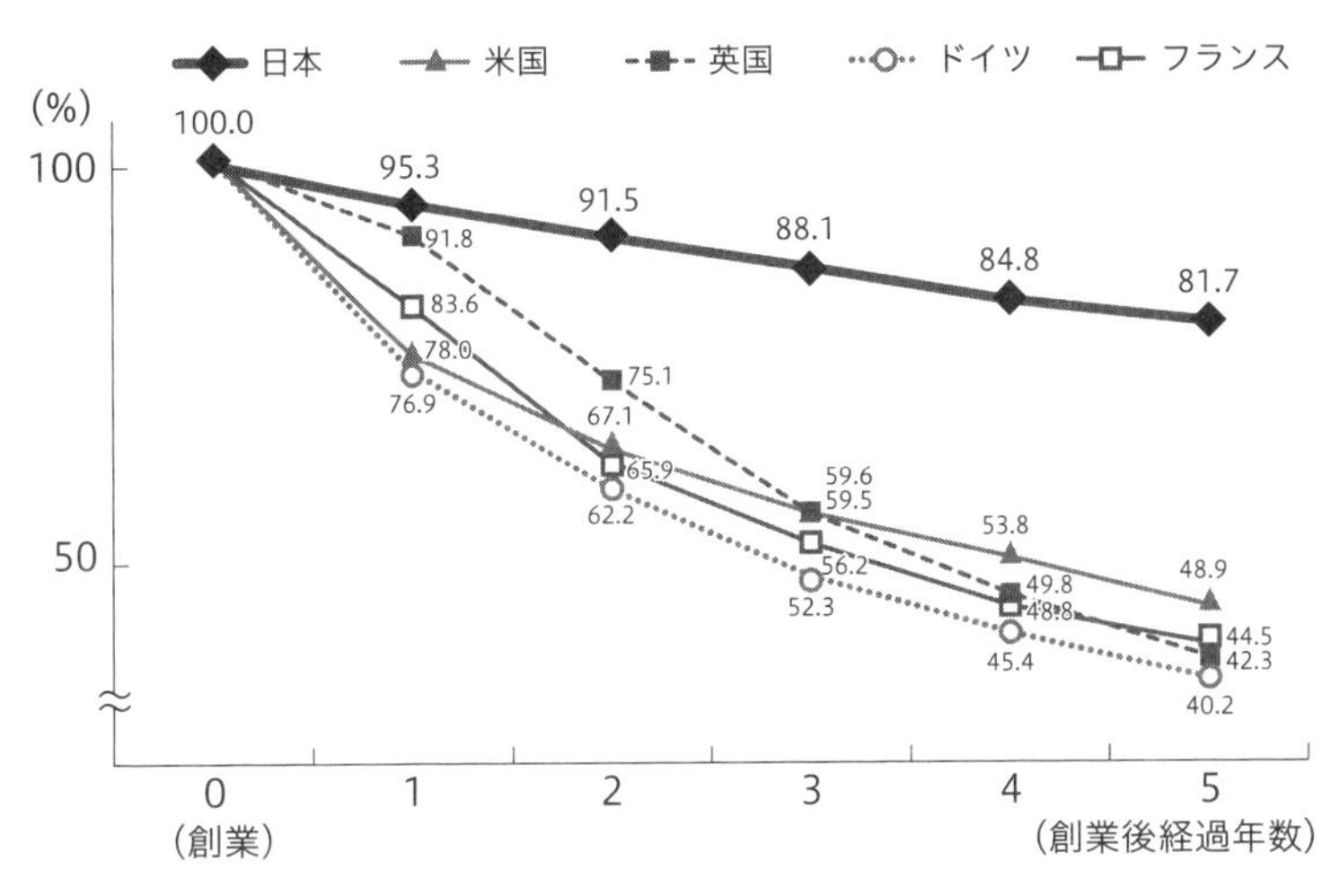

2017年版「中小企業白書」『中小企業のライフサイクル』より

のです。

では、消えていく創業者の1人にならないためには、何をしなければならないか。その一つが創業計画書を他人任せにせず、**自分自身でまとめていく**ことなのです。

自分自身でまとめるためには、事業周辺のリサーチや損益のシミュレーションなども自分で行っていくことになります。するとそれは、まだ実態としてはスタートしていないビジネスが、今後どのように推移しそうか、自分の将来を検証することにつながっていきます。

自分自身の思いを描く事業を成長軌道に乗せることができそうか、すぐに会社をたたむような状況を迎えてしまいかねないかなどを、自分自身で判断することができるのです。

34ページにもあるように、他人の目で、創業計画書を客観視することが重要だと述べました。それよりもっと重要なのは、客観的な意見を踏まえつつ、自分自身で判断していくことです。

創業計画書づくりでは、「自分でつくったものを他人に確認してもらうこと、**他人の意見を踏まえて自分の考えを深めていくこと**」が重要だと考えてください。

●税理士やコンサルタントに頼むとき

時折、「創業計画書？　簡単に書けますから、次の機会までにサクッとまとめておきますよ！」などと放言して安請け合いするコンサルタントや税理士がいます。確かに、実際に作成に慣れている人であれば、ほんの2～3時間、半日仕事でつくることができるでしょう。

しかし、それでは自分自身の〝**覚悟ある**〟**創業計画書**とはいえません。まさに骨や肉のない、上辺だけを整えた創業計画書になってしまいます。

自分がこれから新しい事業を行うという意識を持ち、創業計画書に真摯に向き合えば向き合うほど、決して他人任せにはできないと気づくはずです。

それは創業計画書の作成を請け負う税理士や行政書士、経営コンサルタントなども同様です。創業計画書を重要なものだと真摯に考える税理士やコンサルタントほど、安請け合いしてまとめるのではなく、そのビジネスのどこに、どんな強みやリスクがあるのかを示しながら、**一緒に考えてま**

とめていくものです。

後述するように、創業計画書はコンサルタントや税理士にとって、その後の顧問契約を結ぶための〝取っかかりのツール〟という一面があります。つまり、創業計画書で見込み客からの依頼を受け、その後の顧問契約に結びつけていこうという考え方です。

ただし、その取っかかりを安直に考えて安請け合いをするか、真摯に考えて起業家と一緒になって取り組もうと考えるかには、大きな違いがあります。後者のコンサルタントや税理士は、「ここで失敗は許されない！」、すなわち確実に創業融資を実現するという意気込みをもって真摯に対応するはずです。

創業をめざす起業家としては、その点を見誤らないようにすることが大切なのです。

05

WHAT?
創業計画書に何をまとめるのか

●あなた自身のビジネスの〝近い将来〟を表現する

創業計画書について、具体的に何をまとめるか、また、どう記述して表現するかについては第2章で詳細に述べます。ここでは、大枠として、あなた自身のビジネスの **〝近い将来〟を表現する** ということを覚えておいてください。

創業融資を受けるための創業計画書は、その事業を始めるに至った動機やきっかけ、経緯、事業に対する思いを、まるで自叙伝のように長々と記述するものではありません。また、絵空事と思われるような将来の夢や遠大な事業計画を得々と披露するものでもありません。現実の景況や動向に即した納得度の高い計画であり、自分自身の近い将来像を描いたものでなければならないのです。

創業の「計画書」というからには、どんな顧客・取引先に対してどのくらい販売できるか、その販売のために、どこからどのように仕入れ、その仕入先にどのように発注するか、いわゆる売上と

創業計画書に、何をまとめるのか

あなたのビジネスの近い将来を表現する

▶ どんな顧客・取引先に対して販売するか

▶ どんな仕入先に、どう発注するか

▶ 納得度の高いストーリーになっているか

仕入が明確になっていなければなりません。そうした事業内容をもとにすると、どんな資金計画が成り立ち、創業時にいくらお金が必要かも見えてきます。つまり、その際に想定される不足額について融資を受けたいときに、創業計画書を使うのです。

売上と仕入を明確にするため、そして、その確度を上げるために、たび重なるリサーチやシミュレーションも必要です。そのうえで計画書全体が整合性のとれた、納得度の高い筋道の立った**ストーリー**になっていなければならないわけです。

●「誰に、何のために」まとめるのか

さらには、「何をまとめるか」について視点を変え、「誰に対して、何のためにまとめる

か」と考えてみましょう。もっとも典型的なのは**「金融機関の担当者に対して、創業融資を受けるため」**ということがあります。これを踏まえれば、何をまとめるかはよりはっきりとします。

最近は、ビジネスの内容も単純に「仕入れて販売する」というスタイルだけでなく、「どの部分のサービスに関わるか」など複雑化・細分化しています。そのため、誰に対して何を売り、自分はどう稼いでいくかが〝見えにくい〟ものもあります。創業する人の「思い・志」は高いものの、収益化の〝ありよう〟が見えにくいビジネスもあるでしょう。

よく「私の事業はひと言では説明しにくいのですが……」という人がいますが、融資担当者には〝ひと言〟で説明できなければわかってもらえません。また「情熱を込めて話せばわかってもらえる」などと考えていては、独善的な創業者と判断されてしまいかねません。

創業融資の案件を検討し、実行する金融機関の担当者は、結局のところ、**融資に値するか**すなわち**返済可能な事業かどうか**だけを見ています。ですから、その意向を踏まえて計画を立て、作成していくことが重要なのです。

創業計画書には事業を始めた動機や起業家の経歴なども記します。もちろんそれを正しく示すことも重要ですが、それ以上に重要なポイントは返済可能な事業かどうか、です。融資担当者との面談の際の「ホントにそのビジネスで稼げるの？」といった素朴な疑問も、稼いだうえで返済可能かどうかという視点から出てきます。

06

HOW?
創業計画書をどうまとめるのか

●自己流でもよいが、明快に

前述のとおり、創業計画書は事業計画書と同様に、用途・目的に応じてどこに力点を置くかが変わってきます。1枚の創業計画書ですべての案件に対応できるというものではないのですから、自己流でまとめてもかまいません。概略を示すと、

・事業の内容とその事業を始める動機・きっかけ
・主要な顧客や取引先、仕入先
・人員の予定
・3か月～半年程度の売上予測と資金繰り状況
・事業像（どんな事業家になりたいか）

といったことを自分の言葉で明快に示していけばよいのです。

日本政策金融公庫の創業計画書

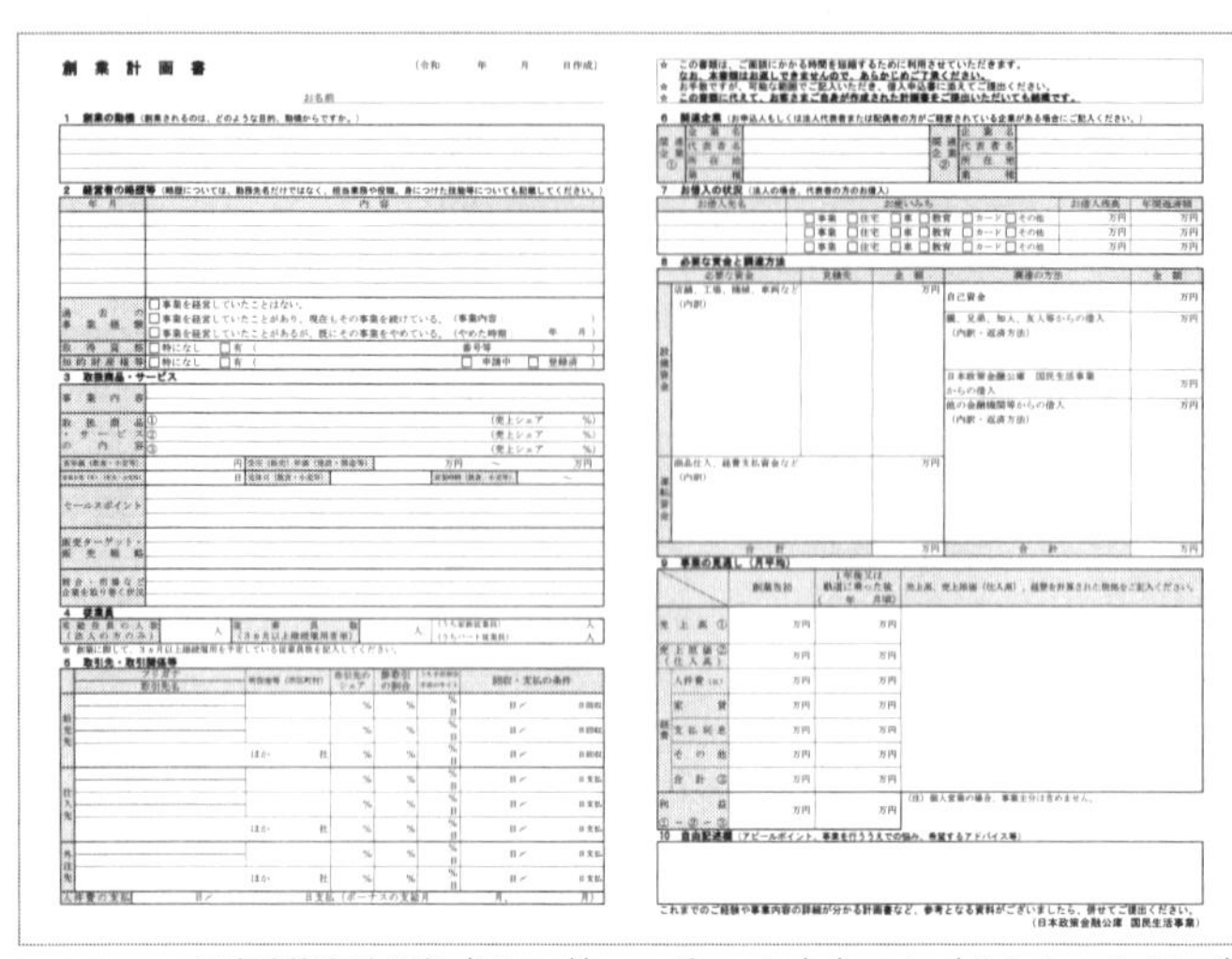

創業計画書　（令和　年　月　日作成）

お名前

1　創業の動機（創業されるのは、どのような目的、動機からですか。）

2　経営者の略歴等（略歴については、勤務先名だけではなく、担当業務や役職、身につけた技能等についても記載してください。）

年月	内容
過去の事業経験	□事業を経営していたことはない。 □事業を経営していたことがあり、現在もその事業を続けている。（事業内容：　） □事業を経営していたことがあるが、既にその事業をやめている。（やめた時期：　年　月）
取得資格	□特になし　□有（　番号等　）
知的財産権等	□特になし　□有（　□申請中　□登録済　）

3　取扱商品・サービス

事業内容	
取扱商品・サービスの内容	①（売上シェア　％） ②（売上シェア　％） ③（売上シェア　％）
セールスポイント	
販売ターゲット・販売戦略	

4　従業員

5　取引先・取引関係等

6　関連企業

7　お借入の状況

8　必要な資金と調達方法

9　事業の見通し（月平均）

10　自由記述欄

日本政策金融公庫（https://www.jfc.go.jp/n/service/dl_kokumin.html）

事業計画書となると、A4用紙に数枚から数十枚、事業や収支、人員、資金にわたる計画を3年先、5年先までこと細かにまとめるケースも多いものです。業歴や実績があるうえで事業計画書を作成することになるので、大作になることも多いでしょう。

●創業計画書はA3用紙で1枚

しかし、創業時に融資を受けるための創業計画書は、そのような大作でなくてかまいません。むしろ、そのようなものではいけません。なぜなら、ストレートに伝えるべきことが伝わらないからです。

上図に示した典型的な書式は、日本政策金融公庫の創業融資に関わる創業計画書ですが、実物はA3用紙で1枚です。これで「必要かつ十

創業計画書を、どのようにまとめるか

- ▶ 自己流でもOK。自分の言葉で書いていく
- ▶ 過ぎたるは猶及ばざるが如し、創業時に焦点を絞る
- ▶ 見直して、磨きをかけることを忘れずに

分」なのです。

数枚や数十枚にわたるような計画書を創業時に書き上げられるほど〝ネタ〟はないはずですし、もし、書き上げたとすれば、相当に饒舌かつ自己満足に満ちた内容になっていることでしょう。創業計画書では、事業の内容が**簡潔にまとめられており、そこにストーリーがあるか**が見られると思ってください。

そのため、A3用紙1枚の創業計画書といっても、手軽にまとめられるものでは決してありません。

実際には、A3用紙1枚の創業計画書を十分満足できる状態にまで、自分だけでいっぺんに仕上げられる人は少ないといえます。また、何とかまとめたとしても融資はもちろんのこと、出資を受けたり新たな提携を結んだりといった

目的を実現するには、不十分な記述となるものが多いはずです。

場合によっては〝過ぎたるは猶及ばざるが如し〟で、事業内容や将来計画が広がりすぎて要領を得ず、結局は的を射ていない内容になるケースもあります。

どの部分をどのようにまとめるかについては、これから第2章で詳しく紹介していきます。現段階では「最初は自己流でもかまわないが、一回つくったらそれで完成というものではなく、磨きをかけることが大切だ」と覚えておいてください。

必要十分な創業計画書ができ上がれば、きっとあなたのビジネスは「スタートするに足る」ものになっているはずです。

第2章

融資を確実に獲得!
自信と勇気が湧く
創業計画書の
つくり方

01

創業融資とは何か、どんな種類があるのか

●3種類に大別できる創業融資

「創業融資」は大きく次の三つに大別できます。

Ⅰ　日本政策金融公庫の創業融資
Ⅱ　地方自治体が推進している制度融資
Ⅲ　その他金融機関等が行っている創業融資等

小さなビジネスを始めるにあたって希望する融資額は1000万円程度が多いので、実態としては日本政策金融公庫の創業融資で**融資希望額**のほとんどが対応できます。また、その他金融機関等が「創業融資」と銘打って融資しているものはほとんどありません。ちなみに、最先端のITや医療など特定のビジネスの創業では、融資ではなく投資機関による投資が頻繁に行われています。

では、ⅠとⅡについて、その中身を見ていきましょう。

●日本政策金融公庫の「創業融資制度」の概要

創業期（新たに事業を始める人や事業開始後、税務申告を2期終えていない人）は、営業実績が乏しいなどの理由によって資金調達が困難な場合が少なくありません。このため、日本政策金融公庫の国民生活事業では、新規開業資金をはじめとした創業融資を通じて創業を重点的に支援しているのです。

その主な利点は次の3項目があります。

(1)無担保・無保証人融資である

新たに事業を始める人または事業開始後、税務申告を2期終えていない人は、原則として無担保・無保証人で各種の融資制度を利用できます。

(2)利率を一律0.65%引き下げている

新たに事業を始める人または事業開始後、税務申告を2期終えていない人は、原則として0.65%（雇用の拡大を図る場合は0.9%）引き下げてもらえます。

(3)長期で返済が可能

後述する「新規開業資金」を利用する場合、設備資金は20年以内（うち据置期間5年以内）、運転資金は原則10年以内（うち据置期間5年以内）と長期で返済できます。

なお、従来、日本政策金融公庫で行っていた新創業融資制度は2024年4月で廃止され、新たに新規開業資金が拡充されました。その概略は次のとおりです。

⑴利用できる人

新たに事業を始める人または事業開始後概ね7年以内の人。なお、新たに営もうとする事業について、適正な事業計画を策定し、その計画を遂行する能力が十分あると認められる人に限ります。

⑵資金の使いみち

新たに事業を始めるため、または事業開始後に必要とする設備資金と運転資金です。廃業歴などがあり、創業に再チャレンジする人は、再チャレンジの前に行っていた事業の債務を返済するために必要な資金も使うことができ、運転資金は15年以内（うち据置期間5年以内）まで利用できます。

⑶融資限度額

7200万円（うち運転資金4800万円）

⑷利率

後述する日本政策金融公庫の基準利率です。ただし、次の要件に該当する人が必要とする資金（原則として土地にかかる資金を除く）は特別利率です。なお、融資後に利益率や雇用に関する一定の目標を達成した場合には、利率を0・2％引き下げる「創業後目標達成型金利」があります。

創業融資制度（無担保）の利率

（2025年1月6日現在、年利%）

❶税務申告を2期終えている
❷税務申告を2期終えていない

基準利率
①2.50〜3.60
②2.60〜3.70

特別利率 A
❶2.10〜3.20
❷2.20〜3.30

特別利率 B
❶1.85〜2.95
❷1.95〜3.05

特別利率 C
❶1.60〜2.70
❷1.70〜2.80

ちなみに、担保・保証人については、申請者の希望を確認しながら相談します。

制度内容が変わったとしても、心配する必要はありません。会社員としてまっとうに勤めて、その経験を活かしてビジネスを始めたい人、専業主婦で仕事を離れていた期間が長かった人でも、小さなビジネスを始めたいと堅実にお金を貯めてきた人なら、ほとんどが該当するでしょう。

●申請者により適用される利率が異なる

新規開業資金では申請者によって、適用される金利が次のように異なります。

⑴女性の方、35歳未満または55歳以上の人
⑵外国人起業活動促進事業における特定外国人起業家で、新たに事業を始める人

⑶創業塾や創業セミナーなど（産業競争力強化法に規定される認定特定創業支援等事業）を受けて新たに事業を始める人

⑷「中小企業の会計に関する基本要領」「中小企業の会計に関する指針」を適用している、または適用する予定であって、みずから事業計画書を策定し、認定経営革新等支援機関（税理士、公認会計士、中小企業診断士など）による指導や助言を受けている人

⑸地域おこし協力隊の任期を終了した人で、地域おこし協力隊として活動した地域において新たに事業を始める人

⑹Uターンなどにより、地方で新たに事業を始める人

⑴～⑹に該当する人は「特別利率A」（前ページ図参照）が適用されます。⑶に該当する人のうち、女性の方、または35歳未満の人と、⑹に該当する人のうち過疎地域で新たに事業を始める人は、「特別利率B」が適用されます。

なお、左記のほかに⑺デジタル田園都市国家構想交付金（旧地方創生推進交付金を含む）を活用した起業支援金の交付決定を受けて新たに事業を始める人は、特別利率Bが適用されます。また、⑻デジタル田園都市国家構想交付金（旧地方創生推進交付金を含む）を活用した起業支援金及び移住支援金の両方の交付決定を受けて新たに事業を始める人は、特別利率Cが適用されます。⑼日本ベンチャーキャピタル協会の会員（賛助会員を除く）等または中小企業基盤整備機構もしくは産業

革新投資機構が出資する投資事業有限責任組合等から出資を受けている人（見込まれる人を含む）は、特別利率Bが適用されます。

そのほか特定の要件があるものの⑽技術・ノウハウ等に新規性が見られる人は、特別利率A・B・Cが適用されます。

ちなみに、57ページに挙げた利率（年）は2025年1月現在のものです。

02 地方自治体が推進している「制度融資」とは

●信用保証協会とタッグを組んで創業者を支援する

制度融資の一例として、「創業」という東京都の創業支援融資を紹介しておきましょう。これは、東京都と東京信用保証協会と指定金融機関の三者が協調して成り立ち、運営している公的融資制度です。申込窓口は指定金融機関または信用保証協会であり、東京信用保証協会の保証対象業種が融資の対象となります。

実際の融資の対象は、**左図**の三つの要件のいずれかに該当する人です。

融資の使いみちは**設備資金と運転資金**の両方で、**融資の限度額は3500万円**です。

なお、後述する「創業支援特例」のうち、「認定特定創業支援事業」による支援を受けて創業しようとする人の融資限度額は3000万円（ただし、**図の①**の融資対象は自己資金に1500万円を加えた額の範囲内）となります。

東京都の制度融資の対象者

① 現在事業を営んでいない個人で、創業しようとする具体的な計画を持っている人

② 創業した日から5年未満である中小企業者など

③ 分社化しようとする会社または分社化により設立された日から5年未満の会社

貸付期間は**運転資金が7年以内**（据置1年を含む）で、**設備資金は10年以内**（据置1年を含む）です。

●責任共有制度の対象かどうかで利率が異なる

利率は責任共有制度の対象かどうかで異なります。**責任共有制度**とは、信用保証協会と金融機関が連携して責任を共有し、中小企業の融資に対して適切な支援を行うことを目的とした制度です。「部分保証方式」と「負担金方式」の2方式があり、いずれかを各金融機関が選択することになっています。その対象となる場合には、固定金利と変動金利のどちらかを選ぶことができ、2025年1月現在、**次ページ図の⑴**のようになっています。

東京都の創業支援融資の利率

	区分	利率
(1)責任共有制度の対象となる場合	固定金利	3年以内 1.7%以内 3年超5年以内 1.8%以内 5年超7年以内 2.0%以内 7年超 2.2%以内
	変動金利	「短期プライムレート+0.4%」以内
(2)責任共有制度の対象外となる場合	固定金利	3年以内 1.5%以内 3年超5年以内 1.6%以内 5年超7年以内 1.8%以内 7年超 2.0%以内
	変動金利	「短期プライムレート+0.2%」以内

責任共有制度の対象外となる場合も固定金利と変動金利から選ぶことができ、**上図の⑵**のようになっています。

保証人・担保について、中小企業の場合は、連帯保証人は代表者個人で、個人事業者の場合は原則不要です。物的な担保については、融資額が８０００万円以下の場合は原則不要です。他方、組合の場合は、連帯保証人は原則として代表理事で、物的担保については原則不要です。

ちなみに、信用保証料については東京信用保証協会の定めるところによりますが、責任共有制度の対象になる場合と対象にならない場合で料率が異なります。

東京都の制度融資に関しては、「創業」のほかにも「創業」の融資利率から０・４％優遇した金利とする「創業支援特例」、信用保証料が上積みされるものの保証人や物的担保が不要な「創業経営者保証不要型（略称：創業経保）」、先進的な創業を支援する「先進的創業特例」があります。「創業経営者保証不要型」と「先進的創業特例」については、東京都が信用保証料の３分の２を補助してくれます。

●創業支援特例とは？

ここで、**創業支援特例**について見ておきましょう。まず①から③のいずれかの要件を満たしたうえで、④と⑤の要件を満たす場合が対象になります。

①創業前は事業を営んでいない個人で1か月以内に新たに個人で、または2か月以内に新たに会社を設立して東京都内で創業しようとする具体的計画があり、融資対象の基本要件をすべて満たすこと

②創業後は次の3点をすべて満たすこと

・中小企業者または組合であること

・創業した日から5年未満であること（個人で創業し、同一事業を法人化した者で、個人で創業した日から5年未満の人を含む）

・融資対象の基本要件を満たすこと

③分社化は東京都内で分社化しようとする具体的な計画がある会社、また分社化により設立された日から5年未満の会社で、融資対象の基本要件を満たす中小企業者であること
④産業競争力強化法第2条29項第1号に規定する認定特定創業支援事業によって支援を受け、区市町村長の証明を受けていること
⑤商工会議所・商工会、東京都中小企業振興公社または保証協会によって認定特定創業支援事業に準ずる支援を受け、その証明を受けていること

これらの要件のうち⑤の「**認定特定創業支援事業に準ずる支援**」とは、「直近1年以内に4回以上、1か月以上の継続的な期間に実施される創業支援であって、経営、財務、人材育成、販路開拓のすべての知識が身につくもの」とされています。

なお、東京商工会議所が創業支援事業の証明書を発行する場合は、創業に関する相談（電話やメール文書を除く）やセミナーなどを複数回受け、かつ創業計画書を提出する必要があります。

●東京都以外の制度融資はどうなっている？

東京都以外の道府県の制度融資も、基本的なしくみは同じです。それぞれの道府県が制度を設け、管轄の信用保証協会が審査・保証を実施し、申し込みの窓口は取扱金融機関となります。さらに、各市町村レベルでは東京都の各区（市区町村）と同様に、保証料や利子の補助制度を実施して

いる場合があります。

たとえば神奈川県の場合は、現在、事業を行っていない開業前の個人で、

・1か月以内に新たに個人事業を創業予定の人

・2か月以内に法人事業（NPO法人、医療法人を除く）を新たに創業予定の人

のいずれかに該当する創業者もしくは開業してから5年未満の中小企業経営者（NPO法人、医療法人を除く）と、分社化を予定または分社化後5年を経過していない中小企業が、原則3500万円を限度とする融資を受けられます。利率は固定で年1・8％以内（融資申込前に創業支援機関の経営指導を受け、かつ融資実行後に概ね2回以上の経営指導を受けるなどの「創業特例」に該当する場合は年1・6％以内）です。

ちなみに、担保は不要で保証人は法人の代表者を除き原則不要ですが、0・4％の**信用保証料**がかかります（創業特例に該当する場合は0％）。その保証料や金利に対して市区町村によっては補助制度を実施しています。

03

創業融資は日本政策金融公庫をメインに選ぶ

●できたてほやほやの会社が無担保で融資を受けられるの？

創業融資について、ごく自然な考え方をしてみると、できたてほやほやの会社に融資する金融機関は、まずありません。貸す立場で考えれば、すべてが見込みで、信用力もほとんどない会社にお金を貸す、そんな〝怖い話〟はないでしょう。自分が知人にお金を貸すことを考えてみてください。どんなに仲がよくても「それは無理」となるはずです。

では、なぜそれが可能なのでしょうか。日本政策金融公庫に関していえば、**国・政府が後ろ盾になり、起業をあと押し**している点が挙げられます。制度融資に関しては、自治体が税金を振り分けて利子援助し、それをPRして実質的な借入金利を抑えているのです。また、信用保証協会という保証機関のガードがしっかりと効いていることもあるでしょう。

●メインは日本政策金融公庫の創業融資

そのような状況にあって、創業融資をしてくれる金融機関をどう選べばよいかを考えると、「メインとなるのは国が後ろ盾となっている**日本政策金融公庫**で、代表者が個人保証してもかまわないなら**自治体の制度融資**も検討に値する」というところでしょう。

金利は上昇機運にあるとはいえ、低金利時代を反映して低く、日本政策金融公庫で1％台後半、自治体の制度融資は市区町村によっては補助制度で実質的に0％に近いところもあります。ほとんどのケースで融資額は数百万円程度が実情ですから、利子もさほど負担にならない額と考えてよいでしょう。その点からも「**創業融資は会社が軌道に乗るまでの資金（時間）を用意してくれる、その分、安定的な資金繰りができる**」といえます。

他の民間金融機関は、融資希望額が1000万円以上となる場合など、日本政策金融公庫に「ウチだけではまかないきれない」と判断されたときに、創業融資ではなく一般的な融資として申し込みます。

融資情報に関しては金融機関同士で情報がつながっている面もあるので、たとえば1500万円の融資希望額なら「公庫で750万円で、他の金融機関で750万円。ただし、後者は有担保・有保証人に」などの調整がなされることもあるはずです。

04

創業融資を受けるための「創業計画書」とは

●必要十分な要素が盛り込まれた日本政策金融公庫の創業計画書

目的を「創業融資を受ける」ことに絞って、創業計画書の中身を見ていきましょう。現在、この目的にもっとも適った創業計画書としては、70～71ページに再掲する**日本政策金融公庫のフォーマット**があります。日本政策金融公庫のウェブページからダウンロードできるので、一度、ダウンロードしてプリントアウトし、全体像を眺めてみることをお勧めします。

このフォーマットに記入すれば、日本政策金融金庫の創業融資はもちろんのこと、他の金融機関が用意している創業融資に関しても応用が利くというシロモノです。

ちなみに、252ページに紹介するように本書にはダウンロード特典として、創業計画書を記入する際のセルフ・チェックシートを用意しています。あわせてご活用ください。

●手軽に書けそうに見えて、奥が深い

では、自己流でかまわないので、早速書き進めてみましょう。勢い込んで「まとめるぞ！」と思っている人は、「手軽に書けそう」と、少々拍子抜けするかもしれません。実はこの手軽さがクセモノなのです。「**創業の動機**」という欄では小さくて内容がまとまりきらず、「**経営者の略歴等**」の欄では「いろいろなキャリアを積んでいるので、とても収まらない！」となってしまうのです。

さらに「**取扱商品・サービス**」の欄となると、「自分が手がける商品をこんなに単純には示せない！」と思う人がいるかもしれません。その一方で、「創業からいきなり取扱商品・サービスを三つもなんて無理です！」と思う人もいるかもしれません。「**セールスポイント**」に至っては、すんなりと書ける人がいる一方、「ほかの起業家と差別化したポイントなんて、考えたことはあっても表現しにくいなあ」と思い悩むような人も多いことでしょう。

このように、一見記入しやすそうに見えて実は奥が深いのが「創業計画書」の特徴です。そのためか、日本政策金融公庫の書式ダウンロードのページにも、数多くの業種の記入例が示されています。それだけに、その記入例にならって記入しがちです。すると、創業融資を受ける際の面談の段階で、融資担当者に「書き写してきましたね」などと判断され、自分の安直さが露呈してしまうことにもなりかねません。

☆ この書類は、ご面談にかかる時間を短縮するために利用させていただきます。
なお、本書類はお返しできませんので、あらかじめご了承ください。
☆ お手数ですが、可能な範囲でご記入いただき、借入申込書に添えてご提出ください。
☆ **この書類に代えて、お客さまご自身が作成された計画書をご提出いただいても結構です。**

6 関連企業（お申込人もしくは法人代表者または配偶者の方がご経営されている企業がある場合にご記入ください。）

関連企業①			関連企業②		
	企業名			企業名	
	代表者名			代表者名	
	所在地			所在地	
	業種			業種	

7 お借入の状況（法人の場合、代表者の方のお借入）

お借入先名	お使いみち	お借入残高	年間返済額
	□事業 □住宅 □車 □教育 □カード □その他	万円	万円
	□事業 □住宅 □車 □教育 □カード □その他	万円	万円
	□事業 □住宅 □車 □教育 □カード □その他	万円	万円

8 必要な資金と調達方法

	必要な資金	見積先	金額	調達の方法	金額
設備資金	店舗、工場、機械、車両など （内訳）		万円	自己資金	万円
				親、兄弟、知人、友人等からの借入 （内訳・返済方法）	万円
				日本政策金融公庫 国民生活事業からの借入	万円
				他の金融機関等からの借入 （内訳・返済方法）	万円
運転資金	商品仕入、経費支払資金など （内訳）		万円		
合計			万円	合計	万円

9 事業の見通し（月平均）

		創業当初	1年後又は軌道に乗った後（ 年 月頃）	売上高、売上原価（仕入高）、経費を計算された根拠をご記入ください。
売上高①		万円	万円	
売上原価②（仕入高）		万円	万円	
経費	人件費（注）	万円	万円	
	家賃	万円	万円	
	支払利息	万円	万円	
	その他	万円	万円	
	合計③	万円	万円	
利益 ①－②－③		万円	万円	（注）個人営業の場合、事業主分は含めません。

10 自由記述欄（アピールポイント、事業を行ううえでの悩み、希望するアドバイス等）

これまでのご経験や事業内容の詳細が分かる計画書など、参考となる資料がございましたら、併せてご提出ください。
（日本政策金融公庫 国民生活事業）

日本政策金融公庫（https://www.jfc.go.jp/n/service/dl_kokumin.html）

創業計画書のフォーマット

創業計画書

〔令和　　年　　月　　日作成〕

お名前

1　創業の動機（創業されるのは、どのような目的、動機からですか。）

2　経営者の略歴等（略歴については、勤務先名だけではなく、担当業務や役職、身につけた技能等についても記載してください。）

年　月	内　容
過去の事業経験	□事業を経営していたことはない。 □事業を経営していたことがあり、現在もその事業を続けている。（事業内容：　　　　　） □事業を経営していたことがあるが、既にその事業をやめている。（やめた時期：　　　年　　月）
取得資格	□特になし　□有（　　　　　番号等　　　　　）
知的財産権等	□特になし　□有（　　　　　□申請中　□登録済　）

3　取扱商品・サービス

事業内容					
取扱商品・サービスの内容	①　　　（売上シェア　　％） ②　　　（売上シェア　　％） ③　　　（売上シェア　　％）				
客単価（飲食・小売等）	円	受注（販売）単価（建設・製造等）	万円　～　万円		
営業日数（月）（飲食・小売等）	日	定休日（飲食・小売等）		営業時間（飲食・小売等）	～
セールスポイント					
販売ターゲット・販売戦略					
競合・市場など企業を取り巻く状況					

4　従業員

常勤役員の人数（法人の方のみ）	人	従業員数（3ヵ月以上継続雇用者※）	人	（うち家族従業員）　人 （うちパート従業員）　人

※ 創業に際して、3ヵ月以上継続雇用を予定している従業員数を記入してください。

5　取引先・取引関係等

	フリガナ 取引先名	所在地等（市区町村）	取引先のシェア	掛取引の割合	うち手形割合 手形のサイト	回収・支払の条件
販売先			％	％	％ 日	日〆　　日回収
販売先			％	％	％ 日	日〆　　日回収
販売先		ほか　　社	％	％	％ 日	日〆　　日回収
仕入先			％	％	％ 日	日〆　　日支払
仕入先			％	％	％ 日	日〆　　日支払
仕入先		ほか　　社	％	％	％ 日	日〆　　日支払
外注先			％	％	％ 日	日〆　　日支払
外注先		ほか　　社	％	％	％ 日	日〆　　日支払
人件費の支払	日〆　　日支払（ボーナスの支給月　　月、　　月）					

05 創業融資の審査の基準とポイント

●創業計画書は「面談を効率的に行うため」にある

創業融資は「創業計画書」をもとにした面談で審査し、担当者の稟議書をもとに決裁され、実行されます。では、その審査とポイントについて見ていきましょう。

まず、創業計画書は面談の前までに作成しておきます。創業計画書は、その作成そのものを日本政策金融公庫の担当者がアドバイスするという性質のものではありません。創業計画書のフォーマットの右上にあるように、**「面談にかかる時間を短縮するために利用」**という意図があるのですから、その作成に担当者の時間がとられてしまっては、元も子もありません。

●最寄りの公庫窓口に出向いて面談を受ける

創業融資を受けたいと思う人は、まず最寄りの公庫窓口に**面談の予約**を入れます。

創業計画書についての視点

- □ 全体としてストーリーが成り立っていて整合性があるか
- □ ごまかしがなく、起業家自身が自分の言葉でまとめているか
- □ 店舗などの所在地には確認しに行ったか
- □ この計画を実行して返済できるか

通常はあまり日を置かない日程で、都合のよい日時になります。

創業融資ではなく通常の融資であれば、他の金融機関、とくに信用金庫の場合はそれまでの取引状況に応じて担当者が来訪して手続きを進めてくれることもありますが、日本政策金融公庫の創業融資の場合は必ず窓口に出向きます。

担当者との**面談時間は30分程度**です。長くもなければ短くもない時間で、創業計画書に記されたことを確認する——そのようなスタンスです。ですから、面談に1時間を要したということであれば、相当に〝突っ込まれた〟か、自分の側がよけいな話をしすぎたと考えてよいでしょう。

●同席者がいてもかまわない？

この際、税理士やコンサルタントなど創業計画書づくりに関わった人が同席するケースもあります。まったく個別の話ですが、主婦の起業での夫、若い人の起業での親や重要なスポンサーなど、いわゆる頼りにしている人が同席するケースもないというわけではありません。

そうした同席者がいることを好ましく思うかどうかは、担当者によりけりです。

一般的な考えとしては税理士やコンサルタントなどが同席していると、〝話が早い〟こともあり、同席を違和感なく認めていることも多いものです。ただし、担当者が個人の信用情報や家族構成などの立ち入った話を聞くこともあります。その場合は「すみませんが、少し席を外してください」と同席者に促すケースもあります。

創業計画書のどこを、どう見るかといった面談の力点の置き方については、担当者によって強弱があります。詳しくは後述しますが、何より重点を置いているのは「売上が上がって事業が軌道に乗り、**返済できる人（事業）かどうか**」です。その判断を中心に据えて、創業計画書について、さまざまな観点から質問してきます。

創業計画書をまとめたあなた自身にとっても「意外な盲点だった」「起業に対する考え方が少し違っていた」などと、気づく点もあるでしょう。

●担当者が店舗の出店予定地を見に行く？

面談のあと、公庫の担当者は創業計画書と面談内容に基づいて稟議書を作成し、後述する借入申込書を添えて上司に提出します。稟議書の中身がどういう構成になっているか、また、上司の決裁基準などについてはオープンになっていません。いわゆる社外秘扱いで、融資が実行されなかった案件から類推することしかできません。

なお、公庫の担当者は、面談だけでなく、店舗を出店するタイプの創業で立地が決まっているのであれば、その**現場を確認しに行く**こともあります。その物件の立地条件とともに、内装費がどれくらいかかりそうか、そうした金額は調達資金としてきちんと踏まえているかどうかなどの確認をするのです。それなのに融資を受けようとする本人が現場の下調べ（調査）をしていないのは、当然NGと考えるべきでしょう。

一方、出店するのに物件が決まっていない場合は、

「物件を決めてから申請しなおしてください」

と告げられるケースもあります。

06

事業内容は、自分のビジネス経験を振り返りながらまとめる

●創業計画書をまとめる前の「振り返り」が重要

では、事業内容について各項目のまとめ方を整理していきましょう。

まず、「創業前に確認しておきたいこと」がいくつかあります。独立して新たに事業を行うのですから、自分自身の知識や経験を高めておくのはもちろんのこと、家族の理解なども重要になってきます。

そこで、まずは**左図**に示したような項目について、**自分自身で振り返って**みてください。その場合は、本書のダウンロード特典「セルフ・チェックシート」もあわせてご利用ください。

もし、創業する自分の気持ち、覚悟が「甘い」と感じたら、そう思う項目について対策を講じておくことをお勧めします。これからは勤め人ではなく、一国一城の主として事業を背負って立つのです。「人・物・金・情報」という経営資源の全般にわたって、創業者としての意気込み・覚悟が

創業計画書を書く前にセルフ・チェックを行う

- [ ] **創業の動機は明確か**
  - 自分はなぜ創業するのか、創業の動機については明確になっているか
- [ ] **知識や経験は十分か**
  - 自分が創業する事業に関する知識や経験があるか。また、創業のため、その知識や経験を高めようとしてきたか
- [ ] **自信や覚悟はあるか**
  - 売上の減少、資金繰りの逼迫、販路の見込み違いなどさまざまな苦境に陥っても、事業を継続していく自信や覚悟を持っているか
- [ ] **家族の理解があるか**
  - 自分だけの意気込みで先走ることなく、配偶者をはじめ両親や子どもなど家族の理解は得られているか
- [ ] **創業のメドは立っているか**
  - とくに店舗を構えて創業する場合、具体的な立地のメドは立っているか
- [ ] **人材の確保は大丈夫か**
  - 自分で決めて自分で対応し、独りよがりになってしまうのではなく、必要な人材を確保できる見込みは立っているか
- [ ] **セールスポイントは何か**
  - 自分の会社が伸ばしていくべき長所を自分なりに理解し、それを他の人にPRできるか
- [ ] **経理感覚を持っているか**
  - 家計簿のようなものでかまわないので、これまではどのくらいの収入が立ち、どれくらいの支出があり、お金がどれほど残せたかを計算してみたか
  - 事業を始める前の段階で、同じように収入と支出、売上や利益について予測を立ててみたか
  - 事業の頭金、すなわち自己資金は十分に貯めてきたか
- [ ] **経営感覚はあるか**
  - 一度でよいので、自分なりに事業計画を立て、創業後をイメージしてみたことはあるか

※あわせて、本書のダウンロード特典「セルフ・チェックシート」もご活用ください。

求められると考えてください。

●法人でスタートするか、個人事業でスタートするか

具体的なことでは「法人としてスタートしたほうがよいのか、個人事業としてスタートしたほうがよいのか」も気になるところです。

それは、「どちらかでなければならない」とは決まってはいません。ですが、「会社を設立し、その法人の代表者として創業計画書をまとめ、融資を受けることが原則である」と考えるべきでしょう。

なぜなら、創業融資としての制度（新規開業資金）自体がそのことを前提として設計されているからです。それは担保・保証人が原則不要で、もし、代表者個人が連帯保証をする場合、利率が軽減されるしくみがあることからもわかるでしょう。

また、日本政策金融公庫としても、「もし返済不能に陥った場合も**代表者個人には責任は及びません**」（連帯保証の必要がないということ）といった表現をしていることからもわかります。

日本政策金融公庫の創業融資は唯一、会社のメリットが活かせる融資といえます。経営者と出資者が分離されている会社法に則して、「経営者が借入のリスクを個人の保証として負わなくてもよい」という制度なのです（もちろん、法律どおり出資分の責任は負います）。

また、会社は個人事業より有能な人材の採用がしやすく、堅実なビジネスをめざしていくという印象を外部に与えることもできます。こうした点からすると、個人事業で創業融資を申請するより、会社をつくって創業融資を受けたほうがおトクです。

通常の事業資金の融資の場合、多くは経営者が**連帯保証**することになります。この制度の是非はともかくとして、融資を受けると同時に経営者もリスクを負うことになるのです。

この点、日本政策金融公庫の融資は経営者からの担保の提供などがあると、むしろ金利を引き下げてもらえる制度があります。

ただし、実情としては数百万円の創業融資の場合、創業後しばらくして会社をたたむことになったとしても、経営者としては返済できない金額ではなく、金利も現状では限界まで下がっているため、そのメリットをあまり感じられない状況です。

●法人と個人にはどんな違いがある？

個人事業より法人のほうが、実態としてさまざまなメリットがあります。ここで、法人と個人の特徴を整理しておきましょう。

次ページ図にあるように、主なポイントは四つです。

法人と個人の違い

① 創業の手続きは個人のほうが簡単
→個人は税務署に開業届を出す程度でOK

② 信用は法人のほうが優位
→「売掛金・買掛金」が発生する「掛け商売」の多い業種ではとくに有効

③ 税金は法人のほうが有利
→法人税率は低く設定され、節税策もある

④ 責任については、個人事業は無限責任、法人は有限責任
→事業がうまくいかなかったとき、法人は出資分の範囲で責任を負う

①創業の手続きは個人のほうが簡単

個人の創業は簡単で、費用もかかりません。個人での創業は所轄の税務署に開業届を出しておく程度ですみます。

②信用は法人のほうが優位

信用は一般的に法人のほうが優れているとされています。売掛金・買掛金の発生する、掛けで商売する場合は取引先の与信の問題があり、個人では与信枠が低くなってしまう、そもそも個人では与信枠を設けてもらえないなど不利な面もあります。

細かいことですが、個人だと入金を受ける際に源泉徴収事務が相手方に発生することもあるため、取引先によっては法人との取引を好む傾向もあります。

もちろん、取引先の開拓や従業員の確保などの信用面も法人のほうが優位でしょう。

③税金は法人のほうが有利

事業上の所得が大きくなればなるほど、法人のほうが**節税効果**は高いとされています。言い換えると法人でも所得が低い場合、節税効果は薄く、納税や申告にともなう事務に苦慮する事態も想定されます。

④責任については、個人事業は無限責任、法人は有限責任

事業の責任には、**無限責任と有限責任**があります。個人事業の場合は無限責任で、万が一のことがあれば個人の全財産をもって弁済しないといけません。

一方、法人の場合は有限責任で、借入などの個人保証をしない限り、万が一のことがあっても出資額を限度に責任を負うことですみます。

07

「創業の動機」は他の項目に合致する内容がよい

●的を絞った的確な表現を！

いよいよここからは、創業計画書の具体的な作成方法を見ていきます。創業計画書の冒頭は「**創業の動機**」（**85ページ図**）です。よくない例は、

- **花を通じて消費者の暮らしを豊かにしたい**
- **ＩＴ物流を駆使し、ロジスティクスに変革をもたらす**

など、「なぜ、何を、どのように」という部分の本当のところが担当者に正しく伝わらない書き方です。それよりも、

- **○○地域の葬儀需要に特化した生花の通販ビジネスを実現する**
- **人員や配送体制の変化に即応した配車システムを提供する**

といった的を絞った記述のほうが担当者の理解が得られるはずです。

すべての項目の書き方に共通するのは、的を絞って**的確に表現する**ということです。創業計画書で、自分が〝共感を生む達人〟〝次代の変革者〟であるなどということを長々と表現しても、相手は受け入れてくれません。

●無理に最初に書く必要はない!?

一般的にこのようなフォーマットに記入するとき、「冒頭から書いていく人」がいれば、「書けるところから埋めていく人」もいます。

その点からすると、創業の動機は無理に最初に書こうとはせず、**あと回しにしてもよい**でしょう。「創業計画書の全体を書き進めてから、その計画書の内容・ストーリーにふさわしい動機を記入する」ということです。

創業の動機、創業の目的から書き始めると、うまく表現できない人はいきなり手が止まってしまいます。採用時の履歴書で、「入社を希望する理由・動機」欄に「貴社の将来性」とだけ書いてしまうような人もいるようですが、それと同様に、うまく書けなくて、結局はとてもステレオタイプな動機を書いてしまう人が多いようです。それでは、「自分自身の創業の動機」を示すことはできず、担当者にあなたの熱意は伝わりません。

一方、スラスラと書ける人は創業の動機（目的・きっかけ）に関して〝思いのたけ〟を伝えようとしてしまい、とてもこのスペースには収まらないこともあるようです。そのため、何とか読める程度の小さな字で埋める人もいます。

しかし、他の項目も同様ですが、これは「創業融資を受けるための創業計画書」です。あなたの創業の思いを切々と伝える書面ではありません。実際のところ、これを読む担当者のなかには「創業の動機」欄にはあまり重きを置かず、サラリと読み進める程度なのが常という人もいます。

●創業計画書の左半分がストーリーとして成り立っていることが大切

むしろ重要なのは、創業計画書全体の**左半分（71ページ参照）が整然としてストーリーとして成り立っているか**どうかです。その観点からすると、創業計画書の左半分（創業の動機以外）を埋めたあとで、強調したい部分を動機や目的としてまとめたほうがよいでしょう。

たとえば、「**経営者の略歴等**」から「**取引先・取引関係等**」で「副業として実績をつくってきた」という要素が明確に打ち出せれば、創業の動機が「**これまで副業でやってきた実績を活かし、独立して本業のビジネスとして取り組みたい**」といった内容になります。そのほうが書く側としてはまとめやすく、読む側としてもすんなりと理解できるものです。

なお、実際に「創業の動機」を記入する際には、**左図**の下部に掲げたような点について自問自答してみることが大切です。

創業の動機

1 創業の動機（創業されるのは、どのような目的、動機からですか。）

よい例（IT系の場合）

これまでサーバーのセキュリティ対策を中心に仕事をしてきたが、中小企業の多くが担当者もいない状態であり、どれだけ危険な状態かを認識していない状況を知るにつれ、大きなビジネスチャンスがあると考えた。これまでの経験で、その場で問題を見つけることができれば8割以上が契約してくれることがわかり、起業を決意した。

GOOD
計画書に基づいた根拠が読み取れる

よくない例（飲食店の場合）

私は会社勤めの頃は主に事務職に携わってきましたが、一念発起して喫茶店を営みたいと思い始めました。コーヒーは自分で豆を厳選していくので、多くの人に楽しんでもらえると確信しています。当初は小さな店ですが、独自の店づくりで、街の人にいやしとくつろぎの空間を提案していきたいと考えています。

NG
思いが強く具体性に欠けている

「創業の動機」を書くためのセルフ・チェック

- □ 創業は単なる思いつきではなく、以前から心に秘め、温めていたことか
- □ 創業は目的であるとともに、次の目的を達成するための手段でもある。創業によって何を実現したいのかについて明確になっているか
- □ 創業するということ、また、どんな事業を実行していきたいかについて、家族や周囲の人にも理解され、「応援するよ!」といった言葉をもらっているか
- □ 何があっても、くじけない強い気持ちは持っているか

08

目的にふさわしい「経営者の略歴」をピックアップ

●職歴を通じて、学んだこと・獲得したスキルを強調する

「**経営者の略歴等欄**」（**左図**）は、自分のこれまでの職歴のうち、「創業融資を受けるにふさわしい人物」であることを示す職歴をピックアップしてまとめます。特段の理由もなく転職を重ねてきた人がその職歴を延々と書き連ねても、歓迎されないでしょう。その点が、転職の際に書く履歴書や職務経歴書とは少し異なります。

一方、これまで一つの職歴しかないのであれば、その職歴を記入します。

詐称と判断されるような嘘を書く人はいないでしょうが、その職を通じて「実際にどんな経験をして、何を学んだか」を誇張せず端的に記すことはとても大切です。なぜなら、担当者にあなたの〝**人となり**〟すなわち**借りたお金をきちんと返せるタイプの人かどうか**を理解してもらうことにもつながるからです。

経営者の略歴等

2 経営者の略歴等

年月	内容
○○年○月	株式会社××サービス　営業部所属（3年）
	△△商品の副業1.5年　営業経験の中で、顧客への提案
	方法やクレーム対応を学びました。
○○年○月	株式会社××商事　△△事業部所属（7年）
	△△商品事業の立ち上げ時に企画から携わり、商品知識
	と人脈も構築できました。インターネットショップの立
	ち上げや運営も担当し、事業に必要な経験を幅広く積ま
	せていただきました。
過去の事業経験	□ 事業を経営していたことはない。 □ 事業を経営していたことがあり、現在もその事業を続けている。（→事業内容：○○○○○○○○　） ☑ 事業を経営していたことがあるが、既にその事業をやめている。（→やめた時期：○○　年　○○　月）
取得資格	□ 特になし　☑ 有（TOEIC850点、古物商　）
知的財産権等	☑ 特になし　□ 有（□申請中　□登録済　）

過去の事業経験に関するセルフ・チェック

- □ 独立して事業を行うに足るスキルか、そのスキルを身につけるにふさわしい勤務経験を積んできたか
- □ 経験を通じて知識を習得し、経営者として活かせる人脈が備わってきたか
- □ 勤め人の頃にやってきた仕事、任されていたことは何か、さらに、そこから得たものは何かについて、簡潔明瞭に表現できているか
- □ 転職が複数回にわたる場合、その理由について他人の理解が得られるように、明快に説明できているか

●「過去の事業経験」は面談の際に重視されるポイント

「過去の事業経験」のチェック欄も「経営者の略歴等」欄では重要です。融資担当者の視点に立てば、この欄はどれにチェックが入っていても面談の際に質問しやすいからです。「事業を経営していたことはない」にチェックがあれば、「なぜ、自分で創業したいと思ったのですか？」など、初めての起業として他の項目との関連性について質問しやすくなります。

過去に事業を経営していたことがある、にチェックがあれば、経営の経験者としてその内容や状況を面談で確認できます。裏を返すと、このチェック欄は後述する融資担当者との面談で必ず質問されると考え、事前に回答を考えておくことができます。

なお、**「取得資格」**欄と**「知的財産権等」**欄は、創業する事業に関連のある資格や知的財産を記入します。とくに最近は、ある会社の社員のエンジニアやプログラマー、コンサルタント、デザイナーなどとして知的財産権を取得し、その後、独立するケースも見受けられます。そうした財産権が活かせる事業であれば記入し、積極的にアピールするとよいでしょう。もちろん**前ページ図**のように英語力を示してもＯＫです。

また、事業の経験について触れる場合には、その経験を創業計画書に記入し、面談で語るに足るものであるかどうかについて**前ページ図**の下部の観点からチェックしてみるとよいでしょう。

09

「取扱商品・サービス」でセールスポイントを強調する

●事業内容については「簡潔」を旨とする

「取扱商品・サービス」欄（**次ページ図**）の最初の項目は**「事業内容」**です。この項目はまったく自由に書けるので、逆にどう書いたらいいのか迷うかもしれません。そこで、「取扱商品・サービス」の項目にあることに留意してまとめるとよいでしょう。「事業全体の内容」を簡潔にまとめるというより、「取扱商品・サービスを通じて、どんな事業を行うか」を考えるのです。

たとえば美容室を開くのであれば、「美容室を開業する」ということだけではなく、「どんな美容室を開業するのか」を端的に示します。「40代の女性客をメインターゲットとして、カットの他にもカラーやヘアケア商品のアドバイスもできる美容室を開業する」や「高齢女性を主要顧客に、店舗をサブに、顧客への出張カット・ヘアケアのサービスをメインに据える事業を展開する」などです。

販売ターゲット・販売戦略	専門部署を持つ余裕がない中小企業を中心に営業を展開し、紹介により他社に広げていく
競合・市場など企業を取り巻く状況	無料ソフト等もあるが、有料で現場対応することで差別化していく

セールスポイントなどを書くときの留意点

- □ 創業計画書で融資担当者が注目する項目である
- □ 取扱商品・サービスの利点を的確に示す
- □ 本当に儲かる商品・サービスか、その儲けで返済できることをアピールする
- □ 取扱商品・サービスに継続性、持続可能性があるか
- □ 創業者自身のセールスポイント(優れたところ)などと勘違いしない
- □ 営業日数・時間などは、働き方改革などに応じて負担にならないよう心がける
- □ 競合状況は厳しいが、どこに活路を見いだすか、わかりやすく示す

取扱商品・サービス

3 取扱商品・サービス

<table>
<tr><td>事業内容</td><td colspan="5">ＩＴ関連機器・システムのメンテナンス、サービス
からセキュリティ関連機器・ソフトの販売</td></tr>
<tr><td>取扱商品・サービスの内容</td><td colspan="5">① 中小企業向けセキュリティ診断・サポート
質問票と疑似攻撃でセキュリティ上の問題を
発見し改善策を提案する　(売上シェア80%)

② セキュリティ機器販売（紹介）
セキュリティ上の問題解決に有効な機器を
紹介する　(売上シェア20%)

③

(売上シェア　　%)</td></tr>
<tr><td>客単価
(飲食･小売等)</td><td>円</td><td colspan="2">受注(販売)
単価(建設･製造等)</td><td colspan="2">3万円～100万円</td></tr>
<tr><td>営業日数(月)
(飲食･小売等)</td><td>日</td><td>定休日
(飲食･小売等)</td><td></td><td>営業時間
(飲食･小売等)</td><td>～</td></tr>
<tr><td>セールスポイント</td><td colspan="5">5万円の成功報酬で、その場で疑似アタックを行ってみせることで、今すぐ対策をしなければいけない問題を発見し、解決できる機器を紹介することができる。また、毎月3万円で、その後は遠隔でサポートを行うことが可能。</td></tr>
</table>

前ページの「事業内容」を明快に示すことができれば、創業計画書の「取扱商品・サービス」の全体が記入しやすくなるでしょう。とくに、「セールスポイント」や「販売ターゲット・販売戦略」については、事業内容で書いたことを掘り下げてまとめればいいのです。「40代の女性客をメインターゲット」としているのであれば、ヘッドマッサージや白髪染め商品の提供についてアピールすることが、セールスポイントや販売戦略になります。

●自分の扱う商品・サービスを再整理する

「取扱商品・サービス」欄（**前ページ図**）も「創業の動機」と同様に、すんなり書ける人と書きあぐねてしまう人の差が大きく出る項目です。商品はともかくサービスについては、今日、細分化・複雑化している面があり、どんなサービスなのか、サービス全体のどの部分を担うのかなどについて端的に示すことがなかなかできない人も多いようです。

そのような場合は、自分のやりたい事業をあらためて整理してみることをお勧めします。たとえば、クラシックカメラのような特定の物品の販売を事業とするケースで考えてみましょう。この場合、創業計画書の「取扱商品・サービスの内容」欄の①、②、③と三つ並んだうちの一つが「クラシックカメラの販売」と埋まり、その売上シェアの欄に「100%」と記入できます。

それでも立派な創業計画書ですが、「もう少し〝趣味〟を超えたビジネス性、将来性を感じてもらえるものはないか」と考えるのも自然なことでしょう。そうだとすれば、「クラシックカメラの販売」だけではなく、「修理」が浮かぶはず。そして、それは②のサービスとして記入できます。

さらに「クラシックカメラの販売」が中古品なら、「買取り」というビジネスも浮かぶはずです。もちろん、それらのビジネスを軌道に乗せるには、後述する許認可について「古物商」の資格が必要ですが、そのように「クラシックカメラの販売」の周辺分野を丁寧に掘り下げていけば、三つの取扱商品・サービスを埋めることができます。

ＯＡ機器の販売なら「消耗品の販売」「定期的なメンテナンス」などを考えてみます。**91ページ図**のようにＩＴ機器のセキュリティ業務では、診断・サポート業務がメインであれば、紹介を通じたセキュリティ機器の販売が次に並ぶわけです。

あとは、それぞれの売上シェアをどう見込むか、経験や実績、目標などから考えられるおおよその割合を記入すればよいのです。

●安易に羅列せず、「選択と集中」で

こうした商品・サービスを列挙することに書き慣れていない人は、つい〝羅列〟してしまいがちです。たとえば、店舗をオープンする事業で、①生花店、②喫茶店、③パン屋と書くようなことです。要は、「花とパンが売っている喫茶店」ということでしょう。

アウトドア用品店を開く場合に、①ウェア、②シューズ、③キャンプ用具などとすることも、それに近いものがあります。カメラの販売店だと、①カメラ、②レンズ、③バッグや三脚などのアクセサリー小物といった並べ方です。

こういった並べ方をすると、

「創業していきなり〝総合商社〟を始めるのですか？」

と聞きたくもなります。経営には「選択と集中」という言葉がありますが、**まず一つに絞って、集中して深く掘り下げていく**ことが大切なのです。先の「生花店」の例では、「生花」の次に「パン」や「喫茶店」など他業種・他業態に自分の好みで目を向けるのではなく、まず「生花」の販売を追求し、あわせて、たとえばフラワーアレンジメントなど「花の知識」を活かしたビジネスを展開するのです。

ですから、この「取扱商品・サービス」の欄も「選択と集中」を実践してみましょう。無理に並列的に三つも羅列する必要はありません。先に挙げた例のように自分のめざす事業について、自分のやってきたことを振り返りながらまとめていけば、的確に記入していくことができるでしょう。

●商品・サービスは一つでもいい

なかには、「どうしても三つも挙げることはできない」という人もいます。その場合は、一つでもかまいません。「チャーハンの店」なら「中華料理店」などと示さずに、チャーハン一筋で攻めてみるのです。むしろ、一つに集中して味のセールスポイントを表現し、「しっかりと軌道に乗せます」と説得してみるのも一つの手です。

無理してまったく性質の異なるビジネスを三つも挙げると、「売れない不安に対して〝予防線〟を張っているのかな」と担当者に思われるかもしれません。

「まずは一つに絞ってしっかりとやってみて、あとは3年後、5年後の通常の融資の際に記入してください」

といわれてしまうような可能性もあります。

経営資源が不足する創業期において、多角的な事業メニューは事業全体の成功確率を引き下げる可能性もある――、ということを理解しておくべきです。

●的確な取扱商品・サービスが「セールスポイント」につながる

的確な取扱商品・サービスを示すことは、事業の**セールスポイント**を明確にすることにもつながります。実は、「取扱商品・サービス」欄の「セールスポイント」が創業計画書で担当者がもっとも注目する項目です。ただし、誇張せず、実情に即したものでなければならず、かといって、自分の事業を積極的にアピールする必要がある……と考えてしまうと、記入する側にとっても、そのさじ加減が悩みどころです。

この「セールスポイント」欄でも、担当者は「**本当に儲かる商品・サービスか、その儲けで返済できるのか**」に関心を寄せて、注目します。そうであれば、「このサービスはこれまでの業界常識の隙間を埋めるもの」など、それが明快になるような内容をセールスポイントとして記入します。**91ページ図**でいえば、「疑似的にアタックを行うことでセキュリティの課題を見極めて対処できる」という技術面で優位にあることを示しています。

また「返済可能かどうか」を取扱商品・サービスで確認するということは、その妥当性が問われていると考えることができます。その場限りの一発勝負、博打、水物ではない商品・サービスであることを表現する必要があるのです。

すると、どれくらいの顧客が固定客になるのか、その商品・サービスをどう発展・成長させていくことができるか、などについても端的に触れておくべきです。

なお、このセールスポイントの欄は、「経営者の略歴等」に設けられているのではありません。すなわち、創業者自身のセールスポイント（優れたところ）などと勘違いして記入しないようにしましょう。あくまで「取扱商品・サービス」のセールスポイントです。

●「客単価から営業時間」まで業種に応じて記入する

「客単価（飲食・小売等）」「受注（販売）単価（建設・製造等）」「営業日数（月）（飲食・小売等）」「定休日（飲食・小売等）」「営業時間（飲食・小売等）」については、創業する事業に応じて想定している内容を記入します。

とくにこの10年来、働き方改革などにより、勤務時間や日数、勤務場所などの勤務形態がフレキシブルになっています。創業後、新規に雇う従業員にも同様の対応が求められます。創業するあなた自身は「24時間、必死に頑張る！」と思っていても、同じことを従業員に求めるのは法的に許されず、人も集まりません。

そこで、これらの項目は、労働関連法規や昨今の雇用状況を踏まえつつ、無理のない数字で記入しましょう。

これらの項目についてはカッコ書きで業種が示されています。示された業種以外の業種で事業を始める場合も、書き込むことが可能であれば書き込んでいっこうにかまいません。担当者はこれらの項目に書き込まれた内容をざっと見て、創業する会社の働きぶりをイメージし、〝ブラック〟な就業状態を想定していないかなどを確認します。なお、後述する「従業員」欄（101ページ）や「事業の見通し」欄（123ページ）の「人件費」などとの整合性もあわせて確認します。

●「販売ターゲット・販売戦略」を端的に示す

「販売ターゲット・販売戦略」については前述のとおり、「事業内容」メインの顧客層を記入した場合は、それを少し掘り下げてみます。

重要なのは「なぜ、その販売ターゲットにするのか」という根拠です。「同業界のメイン顧客層だから」という一般的な根拠を少し掘り下げ、「同業界のメイン顧客層であり、前職からの顧客もその層に集中している」ことを例示するなども必要です。また、店舗を構えるのであれば、「同業界のメイン顧客層だが、店舗立地の周辺には同様の店舗がこれまでなかった」ことを示すのもよいでしょう。

販売戦略については、フレームワークを用いた戦略などをむずかしく書くと、とてもこの欄には収まりません。むしろ、創業前から創業後半年くらいはどんな販売・販促・認知拡大活動を行っていくか端的に示すべきです。駅前でのチラシ配りやポスティング、固定客ができたときのアプローチ、LINE登録などSNSの活用について、やろうとしていることを示すとよいでしょう。

●「競合・市場など企業を取り巻く状況」は否定的・悲観的にならないように

「競合・市場など企業を取り巻く状況」については、つい「厳しい」といった否定的・悲観的な表現をしがちです。しかし、それはわかりきったことであり、競合・市場の厳しさのなかにも活路があることを示すような記述をすべきです。

旅館業であれば、「競合の旅館は周辺観光地に10店舗あるが、当店のような会員制としてリピート客に絞った高付加価値の旅館はない」、スポーツ用品店であれば、「市内主要地域での物販だけなら商売は成り立たない状況にあるが、ユニホーム製作、関連健康商品のB to Bの契約によって、商圏を拡大した店舗はこれまでなかった」など、競合・市場など企業を取り巻く状況のなかで、〝どこを狙うのか〟を端的に示すとよいでしょう。

また、後述するように、競合・市場分析では、立地調査、交通量調査などを行った結果を示すと説得力が増します。

なお、この項目も販売戦略と同様で、「フレームワークを用いた市場分析を示すには欄が小さすぎる」と考える人もいるでしょう。そのような場合は、

- **事業内容**
- **競合・市場分析**
- **事業戦略**

などを「ビジネスモデル」として1～2枚にまとめて添付する方法もあります。

10 「従業員の状況」は〝ひとり起業〟でも雇用創出の意欲を示す

●自分だけで起業する場合は、常勤役員の人数を「1人」と記す

日本政策金融公庫の創業計画書の右半分（**70ページ図参照**）が関連企業と資金や予測損益（収支）などのお金の項目です。日本政策金融公庫の創業計画書の左半分（**71ページ図参照**）の中ほどに、お金の話の前提の一つになる「**従業員**」欄（**左図**）があります。その従業員欄について、少し触れておきましょう。

「従業員」の欄は創業時の人員について役員、従業員、パート・アルバイトの数を記入します。その数が人件費として見込まれ、創業計画書の後段の「事業の見通し」欄に反映されます。

日本政策金融公庫についていえば、創業融資の大前提は「雇用を創出する事業かどうか」です。そのため、自分のほかにも従業員、パート・アルバイトなどを雇い、創業計画書に記入することが重要と考える向きもあります。

従業員

4 従業員

常勤役員の人数（法人の方のみ）	1 人	従業員数（3カ月以上継続雇用者※）	1 人	（うち家族従業員） （うちパート従業員）	0 人 1 人

「従業員」に記入する際の留意点

- 「事業の見通し」の欄で「軌道に乗ったら、従業員を3人ほど採用し、事業の拡大と安定を図る」といった文言で、雇用を創出する意欲があることを示すことで補足もできる
- 「（うち家族従業員）」の記入に注意。家族は別の仕事に就いていたほうが融資担当者は安心

ところが、実態としては自分一人で創業するケースも多いものです。もちろんそれはそれでかまいません。創業計画の段階で、「人を雇う自信がない」というのも多くの創業者にとって偽らざる事実でしょう。その場合は、常勤役員の欄に1人と記入します。

ただし、その場合は、後述する「事業の見通し」の欄（**123ページ参照**）で、「**軌道に乗ったら、従業員を3人ほど採用し、事業の拡大と安定を図る**」といった文言で、雇用を創出する意欲があることを示しておくべきです。もちろん、「事業の見通し」では、事業を軌道に乗せ、発展させていく展望について、たとえば**増加従業員分×1人あたり売上**のように数値で示しておきます。

●家族を従業員にするのは是か非か

留意したいのは従業員数の「家族従業員」という欄です。「従業員数1人（うち家族従業員1人）」となると、ほとんどが「家族とは配偶者のこと」だと想像できます。夫婦での創業ということです。

それが実態であればいっこうにかまわないのですが、家族で事業を行うと、「従業員である配偶者を会社の利益の〝調整弁〟に使う」など、あまり好ましく思わない風潮もないわけではありません。何より「配偶者は別の会社の勤め人」のほうが、創業者の家族の生活は安定するでしょう。

一概に決めつけることはできませんが、「好ましく思わない考え方もある」と理解したうえで記入することが大切です。

11

「取引先・取引関係等」は副業の実績も積極的に記入する

●サイドビジネスでの経験も遠慮せずに記入する

「**取引先・取引関係等**」の欄（**105ページ図**）は実情に即して記入します。これまで自分でまったく手がけたことのない事業を始める場合、また、具体的な取引関係に至ってはいない場合などは予想で記入してもかまいません。

実態としては、すでに創業計画書に示す事業を始めている人もいるでしょう。独立して事業を行ってはいないものの、勤め人として副業でビジネスを手がけている人もいるはずです。たとえば、ＩＴ関係の企業に勤めている人が副業で知人の会社のウェブページの製作やメンテナンスを請け負っていたり、アプリ開発をしていたりなどが該当します。

そうした副業での取引関係を独立後も引き継ぐ場合は、その取引先の名前を記入しておくのもよいでしょう。

勤め人の副業・サイドビジネスは、勤め先がよく思わない、勤め先の服務規程で禁じられているといった理由からか、創業計画書でも積極的に記入せず、「伏せておいたほうがいいのでは?」と考える向きもあります。

しかし、創業計画書に記した事業でかつての同僚を何人も引き抜くとか、前職の取引先を根こそぎ奪うような悪質な意図がなく、むしろ積極的に前職から継続できる取引関係があれば、その取引先・取引関係を記入しておくべきです。

融資担当者の目線で「その事業で実績のある人と、ない人のどちらにお金を貸したいだろうか」と考えれば、答えは一目瞭然。**実績のある人**のほうに軍配が上がります。

●回収と支払、さらに給与の日付欄も要注意

なお、念のために気をつけておきたいことは、「**回収・支払の条件**」欄の日付です。「取引先・取引関係等」の欄の一番下に「**人件費の支払**」欄があります。この部分の日付をたとえば「毎月20日〆で当月25日払い」などとしておくと、販売先からの回収日、仕入先・外注先への支払日との兼ね合いで、「お金のない時期に給料を払わないといけない!」といった事態を招くケースがあります。担当者はその**日付の齟齬**を見つけたとしても、あなたの経営にアドバイスする立場にはありません。

取引先・取引関係等

5 取引先・取引関係等

	フリガナ 取引先名(所在地等)	取引先のシェア	掛取引の割合	回収・支払の条件
販売先	海外一般顧客 (　　　)	55%	100%	末日〆 翌月10日回収
	国内一般顧客 (　　　)	45%	100%	末日〆 翌月10日回収
	ほか　社	%	%	日〆　日回収
仕入先	カブシキガイシャマルマル 株式会社○○ (京都府京都市中京区××)	60%	100%	末日〆 翌月末日支払
	マルマルショウテン ○○商店 (東京都千代田区××　)	40%	100%	末日〆 翌月15日支払
	ほか　社	%	%	日〆　日支払
外注先	マルマルカブシキガイシャ ○○株式会社 (東京都新宿区××　)	100%	100%	末日〆 翌月5日支払
	ほか　社	%	%	日〆　日支払
人件費の支払	末 日〆 翌月15 日支払 (ボーナスの支給月－月、－月)			

取引先・取引関係等の記入の留意点

なぜ、その取引先と取引できるのか?

①**誰が**……………… 誰が販売を行うか
②**誰に**……………… 顧客ターゲットは?
③**どのように**……… 店舗? ネット通販? 現金? 掛け売り?
④**どこで、いつ**…… 店舗の立地条件、営業時間

仕入に関する検討は十分か?

①**どこから、何を**… 安定的な仕入先か?
②**どのように**……… 現金? 掛け買い? 支払サイトは?

「資金が厳しいときがあっても大丈夫ですか？」

と聞く程度です。それだけに「とくに創業計画書の左半分の事業内容全般（**90～91ページ図参照**）について無理がなく筋道が通っていること」が重要です。

●誰が、いつ、どこで……のように整理してみよう

この「取引先・取引関係等」に関しては、第1章で示した「5W1H」のように「誰が、いつ、どこで……」と整理しておきましょう。なぜなら、融資の面談の際に担当者が「なぜ、その会社と取引できるのか」など、よく質問する部分だからです。その部分を整理しておくと、自分の考えそのものが整理できます。

ではまず、「販売先」についてです。

①誰が

誰が販売を行うか、自分一人でやっていくのか、従業員を雇うのか。「自分の会社は開発・製作に専念し、販売は販路の販売店に任せる」という考え方もあります。

しかし、小さな会社の創業では、それはあまり現実的な対応ではありません。「『いいものをつくれば売れる』なんて、他力本願にすぎる」と判断されることもあるでしょう。あくまで、自分の会社としては**誰が販売するのか**を考えましょう。

②誰に

いわゆる顧客ターゲットのことです。「一般顧客」といった大きな表現でもよいのですが、その場合でも、自分の心のなかには、**どんな顧客に販売するのか**を明確に定めておくべきです。「特定のあなた！」に買ってほしいと顧客像を見定めてから、「その顧客像はどんな属性なのか」を類型化してみるとよいでしょう。顧客像に応じて、客単価や商品単価、品揃え、サービス内容などもより鮮明になります。

③どのように

どのように販売するのかを考えてみましょう。最近はさまざまな物品のネット通販も流行っていますが、一方で物流などクリアすべき課題も顕在化しています。店舗を設けて店頭販売する場合、対面販売でもセルフ販売でも、ある程度大きな初期コストがかかります。そのような課題も踏まえて「どのように販売するのか」を考えていくことが大切です。

「どのように」では、現金商売なのか掛け売りするのか、掛け売りに加えて一定の与信を設けるのかどうかも検討すべき事項です。とくに下請けなど販売先が特定・限定される場合には、販売先の信用、継続受注の確保、回収の条件などを踏まえて整理しておくとよいでしょう。

④どこで、いつ

とくに店舗を設けて販売する場合は、**立地がすべて**と考えることもできます。また、商品や顧客層に応じた営業時間も重要な検討事項で、自分の考えだけでは「店をオープンしても、お客がいない」といった〝的外れ〟の状態になってしまうこともあり得ます。

他の項でも触れていますが、ここでは実践的な事前のリサーチが重要になってきます。

●仕入先、仕入計画についても整理する

仕入先についても、「どこから、どのように……」と整理しておきましょう。

①どこから、何を

何を仕入れるのかは実際に事業をスタートさせて以降、同じ商品をつくっていても「より安い素材はないか」「より進化した部品はないか」などと変化していくものです。想定される商品やサービスなどに応じて、そのもととなる素材や原材料、部品などが安定的に入手できるかどうかが大きな判断ポイントです。

②どのように

販売先と仕入先の検討事項は、表裏一体の関係にあると考えることができます。すなわち販売先の検討と同じように、仕入は**現金か買い掛けか**、買い掛けで購入する場合、支払サイトはどうなっているかなどです。

スタート時から事業が繁盛しすぎて脇が甘くなり、**勘定合って銭足らず**という状態になってしま

うこともあり得ます。売上が上がり利益も出ているのに、お金がない状態です。それは往々にして支払サイトが短すぎ、入金より先に支払ってしまうことから起こります。そうなると、事業の継続性が維持できなくなり、黒字倒産の危険性も高まることに留意しておきましょう。

どのように仕入れるかの答えをひと言で示すと、「計画性をもって安定的に」です。仕入れた物品は在庫として計上することになりますが、在庫は過剰でも過少でもいけません。適正で計画的・安定的な在庫をどうやったら実現できるか。経営の実務的な手腕が問われるところです。

●なぜ、この取引先と取引できるのか

創業計画書の「取引先・取引関係等」の欄については、**なぜ、この取引先と取引できるのか**を説明できる根拠を用意しておきたいものです。創業計画書には相手方の所在地なども記入するので、実際に取引していたり、商談が進んでいたりすることを示すため、**取引先の担当者の名刺のコピー**を添付資料として用意しておくのもよいでしょう。

もちろん、**取引に関わる契約書**、**申込書**、**発注書**、**納品書**、**請求書**、**支払通知書**などの帳票があれば、**原本を用意**しておきます。それらは必要に応じて、融資担当者がコピーするはずです。

12

「関連企業」は、あれば正確に。なければ書かなくてOK

「関連企業」（左図）とは、資本関係のあるグループ会社を指すことも多いのですが、ここでは資本関係にこだわらず、申し込みをする本人と配偶者が経営している企業についてその概要をまとめます。

本人が経営している企業があれば、新規に設立する会社・事業での申し込みであることがわかります。担当者がその企業の業績について調べれば、債権債務の状況についても把握できます。

配偶者の場合も同様です。

程度の差はあっても創業では、申し込みをする本人の配偶者の物心両面での援助が求められるケースがあるものです。そのとき配偶者の経営する企業の経営が安定していれば、大きな支えになるはずです。

●他社の役員、個人事業主になっている場合は、付記しておく

関連企業

6 関連企業

関連企業①	企業名	△△サービス	関連企業②	企業名	
	代表者名	田中　花子		代表者名	
	所在地	東京都文京区○-○-○		所在地	
	業種	空調メンテナンス		業種	

関連企業を書くときの留意点

☐ 配偶者の安定した事業は生活の安定につながる

☐ 個人事業主としての活動に触れておくのもよい

この欄は「企業名・代表者名・所在地・業種」を正確に書きます。経営している会社がない、配偶者が別の会社で一般社員として勤めている場合は書かなくてもかまいません。代表者以外の役員として勤めている場合は、そのことに触れておくことで十分です。

また、個人事業主としてビジネスを行っているケース、NPO法人、一般社団法人などの運営に関わっている場合も、そのことを付記しておいたほうがよいでしょう。

この関連企業の欄は、昨今の〝副業・複業〟時代を反映し、申し込みをする人とその配偶者が関わるビジネスの全体像を押さえるために書く欄と考えますが、創業融資で借りたお金を関連企業で使うなどはNGです。

13 「お金」に関する項目は常に計算根拠を意識して記入する

「**お借入の状況**」（**左図**）については、代表者個人の借入の現状を記入します。自宅やクルマ、また教育ローンの返済があれば、その残高や返済の状況を記入します。これらについては、「あって当然」の借入でもあり、気を揉む必要はほとんどありません。

●個人的な借入で足をすくわれることも!?

注意したいのは、**カードローン**です。一般的に他の借入より利率が高く、代表者個人にとって大きな返済負担になっているケースもあるようです。残額があれば、できるだけ返済しておくべきです。そのうえで、114ページの項目で後述する自己資金を考えるようにしましょう。とくに複数のカードローンがある場合には、一つにまとめておくことも大事です。

多額のカードローンが残っているようでは、公庫の審査では大きなマイナス材料になってしまいかねません。

お借入の状況

7 お借入の状況（法人の場合、代表者の方のお借入）

お借入先名	お使いみち	お借入残高	年間返済額
○○銀行××支店	□事業 ☑住宅 □車 □教育 □カード □その他	1980 万円	79 万円
○○銀行××支店	□事業 □住宅 ☑車 □教育 □カード □その他	150 万円	60 万円
	□事業 ☑住宅 □車 □教育 □カード □その他	万円	万円

「お借入の状況」に記入する際の留意点

□ 住宅、クルマ、教育ローンの有無についてはあまり気にしなくてもよい

□ カードローンはできる限り返済しておいたほうがよい

創業融資、とくに運転資金の創業融資が実行された際に、カードローンの返済を先に埋める〝掟破り〟なことを考える人がいないとも限りません。

それは御法度です。額によっては事業の見通しが大幅に狂うことにもなりかねません。

そのほか生命保険契約での借入がある人がいるかもしれません。自宅やクルマ、教育ローンを除き、さまざまな借入がある人はできる限り整理し、質問されたら説明できるようにしておくことが大切です。

14 「必要な資金と調達方法」はそれぞれの合計額を一致させる

●左右の合計欄が一致していることが何よりも大切

日本政策金融公庫の創業計画書では、必要な資金は「設備資金」と「運転資金」に分かれ、調達の方法は「自己資金」と「親、兄弟、知人、友人等からの借入」と「日本政策金融公庫　国民生活事業からの借入」「他の金融機関等からの借入」に分かれています（**左図**）。

この「**必要な資金と調達方法**」の欄を見て、何か思い浮かぶものはないでしょうか。そう、会社が決算時にまとめる貸借対照表です。

とすると、**必要な資金と調達の方法のそれぞれの合計額が一致**していないといけません。会計の仕訳でいう「借方」（資産の増加や費用の発生を計上する左側。単純にいうと、増えた内容）と「貸方」（負債・純資産の増加や収益の発生を計上する右側。単純にいうと、資金の出所）が一致していることと同じ考え方です。

必要な資金と調達方法

8 必要な資金と調達方法

	必要な資金	金額	調達の方法	金額
設備資金	店舗、工場、機械、車両など（内訳）	385万円	自己資金	200万円
	ノートパソコン、鍵付きキャビネット等備品	65万円	親、兄弟、知人、友人等からの借入（内訳・返済方法）	万円
	解析ソフト及びデモ用セキュリティ機器一式	320万円	日本政策金融公庫　国民生活事業からの借入	300万円
			他の金融機関等からの借入（内訳・返済方法）	万円
運転資金	商品仕入、経費支払資金など（内訳）	115万円		
	Web サイト制作、初期広告費	50万円		
	経費支払（約1か月分）	65万円		
合計		500万円	合計	500万円

金額を記入するときの留意点

☐ 「必要な資金」と「調達の方法」の合計額が一致する

☐ それぞれの内訳の金額の根拠を示すことも重要

このとき、「**調達の方法**」欄の合計額のほうが多くなっているのであれば、借入過多と判断されます。また、その逆で「**必要な資金**」欄の合計額が多ければ、やがて支払に苦慮するだろうと判断されます。

実際に事業を始めれば、売上、またその売上にともなう利益からの支払がメインのお金の流れになるので、創業後の実態としては「必要な資金と調達方法」の左右の合計欄が異なってくるものです。しかし、創業計画書の段階で左右の合計欄が異なるようでは、「見込みが甘い」と判断されかねません。

ですから、ここは「左右の額を揃える」ということに留意しておくべきです。

ちなみに、それぞれの項目を順序どおり書いていく必要はありません。通常は、明確な部分から書いていき、**左右の帳尻は「運転資金」欄で合わせておく**などします。もちろん、創業計画書の他の要素を考えて、最後に「日本政策金融公庫　国民生活事業からの借入」の額を埋めるという考え方でもよいでしょう。

嘘なく正確に記入することが何より大切ですが、帳尻合わせのための柔軟な発想も持ちたいものです。

●自己資金は妥当性が問われる

「必要な資金と調達方法」のうち、自己資金については注意が必要です。自己資金については、「いくらに設定するか」とともに、その妥当性（自己資金を用意できる証拠）を示すことも重要なのです。

後述するように、証拠としては何より預金通帳になりますが、その自己資金のセルフ・チェックポイントは次のようなものになります。

- 自己資金に記載した金額以上の残高が本人名義の預金通帳で確認できるか
- 必要資金の３割程度の自己資金が預金通帳で確認できるか。確認できない場合、家族の預金通帳や担保の提供などが可能か
- 生活に使っている預金通帳で、公共料金、借入、クレジットカードの支払などの延滞がないか
- 金額が大きく、理由の説明できない不自然な入金がないか
- 大きな支出で説明できないものはないか
- 預金通帳の残高が少しずつ増えているか
- 最終の記帳日から２週間以上、経過していないか

・消費者金融やキャッシングなどを疑わせる取引がないか
・会社の場合、申込者本人の設立時払込みの資金の出所が明確か
・会社の場合、社長が過半数の議決権を確保できる自己資金の額になっているか
・過去に借入の返済やクレジットカードの支払、携帯電話代金などを3か月以上、滞納していたことがないか
・クレジットカードを1枚以上、持っているか（持っていることが、個人の信用につながる）

なお、日本政策金融公庫の調査（新規開業実態調査）によると、創業資金（平均1200万円弱）全体に占める自己資金の割合は約24％、自己資金以外には日本政策金融公庫を含む金融機関からの借入が約65％、そのほかは親などの親族、友人・知人などからの借入となっています。

多くの人が、創業資金のうち自己資金は3割弱、借入が7割強でビジネスを始めていることがわかるでしょう。

15
「事業の見通し」は根拠を計算式で示す

●半年くらいで「軌道に乗る」メドを立てる

「**事業の見通し**」(**123ページ図**)については「**創業当初**」と「**1年後又は軌道に乗った後**」の二つに分けて記入します。その「1年後又は軌道に乗った後」の欄の「日付」は自分自身で記入するスタイルになっています。これが少々〝クセもの〟です。

通常は当月や翌月にすぐに軌道に乗るとは考えられず、そうであれば、

「お金を借りなくてもいいのでは?」

と思われてしまいます。かといって2年後、3年後に軌道に乗るというのも長すぎで、

「その期間の生活のやりくりを融資に頼るのは身勝手だ」

と判断されかねません。一般的に考えると、1年を超えてメドが立つというのでは、事業をスタートさせるあなた自身に少し甘いところがあるといえるでしょう。もしくは、最初から自分のビジ

ネスを大きなものとして考えすぎているのかもしれません。

「これが正解です」という期間はありませんが、特殊な事情がない限り「半年後」くらいに軌道に乗ると考えるのが妥当でしょう。半年後くらいにメドを立てるつもりで事業の見通しを捉え、それを数字で表現していくことを心がけます。ちなみに、日本政策金融公庫の調査によると、事業の開始からおよそ1年のうちに黒字基調となった企業は60％に上るとされています。

●この欄でも問われる「計算の根拠」

この「事業の見通し」欄の右側に、**「売上高、売上原価（仕入高）、経費を計算した根拠」**を記入する欄があります。このうち、売上高の予測の計算方法についても触れておきます。売上高の予測は自分の会社の実情に即して妥当な方法を選択すればよいのですが、基本的には業種・業態によっていくつかのパターンに分類できます。

①店舗売りのウェートが大きい販売業
↓単位面積（1㎡または1坪）あたりの売上高×売り場面積
で計算します。売り場面積が50㎡で、1㎡あたりの月間売上高が10万円なら、10万円×50㎡で500万円。年間売上高だと12倍して6000万円と計算できます。
このような販売業では、**仕入にいくらかかるかによって利益が大きく変わります**。先の計算で月

300万円の仕入とすると、月の粗利益は200万円、その粗利益から店舗の家賃や借入金の返済、さらにパート・アルバイトの人件費をまかなうとすると、黒字化するのは簡単ではないということがわかります。

②飲食業や理容・美容業といった店舗を持つサービス業関係
→客単価×設備単位数（座席など）×回転数

で計算するとよいでしょう。3台の椅子がある美容室で、1台あたりの回転数が1日3・5回転、客単価が4000円として月に25日稼働すると、月の売上高は4000円×3・5回転×3台×25日で105万円。年間売上高は1260万円です。

この売上予測の数字を上げるには、**客単価、設備単位数、回転数のそれぞれの項目を増やす**ことができるかどうかを考えます。単なる数字合わせではなく、「実際にどの数字を上げることが可能か」と現実的な経営状況を踏まえて判断することが大切です。

また、この場合、3台の椅子を創業者1人で切り盛りするのは大変で、美容師1名を雇うとなれば、その分の人件費も考慮に入れないといけません。

③自動車販売、化粧品販売、ビル清掃など労働集約的な業種
→従業員1人あたりの売上高×従業員数

で計算できます。自動車の販売業で、従業員が5名で、1人あたりの月売上高が200万円とすると、月の売上予測は200万円×5人で1000万円と計算できます。

労働集約的な業種では、文字どおり**従業員数とともに労働の質が売上を左右します**。優秀な人を採用できるかどうかに加え、従業員教育が大きな鍵を握ります。

④部品加工、印刷、運送業など、設備依存型の業種

→設備の生産能力×設備数

設備に依存する面が大きい業種の場合は、設備単位あたりの生産能力を計算の基準とするとよいでしょう。たとえば部品加工業で、旋盤が2台あり、1台あたりの生産能力が1日8時間稼働で300個加工でき、1個あたりの加工賃が100円で月に25日稼働とすれば、100円×300個×2台×25日で月の売上高は150万円になります。年間を通してみると、1800万円です。

他の業種に比べて1人あたり売上高の観点から見れば低い印象がありますが、**効率的な設備稼働にすることにより**、売上の上昇が見込める面もあります。これは、倉庫業などにもいえることです。設備の負担は大きいのですが、それを乗り越えれば、あとは稼働効率を上げることが重要になる業種です。

●数字の根拠で〝筋が通っているか〟をチェックされる

融資担当者は、この部分の記述についても、筋が通っているかどうかを見ます。たとえば、最初

事業の見通し（月平均）

9 事業の見通し（月平均）

		創業当初	1年後又は軌道に乗った後（7年1月頃）	売上高、売上原価（仕入高）、経費を計算された根拠をご記入ください。
売上高 ①		132万円	398万円	当初：平均単価10万円×12個、メンテナンス12万円 ※実績値 軌道：平均単価12万円×30個、メンテナンス38万円
売上原価②（仕入高）		92.4万円	278.6万円	商品原価率：70％ ※送料を含む
経費	人件費（注）	35万円	55万円	当初：役員25万円、パート10万円×1名 軌道：役員25万円、社員20万円、パート10万円×1名
	家賃	10万円	10万円	事務所兼倉庫10万円／月
	支払利息	0.75万円	0.75万円	500万円×1.8％／12か月＝0.75万円
	その他	12万円	25万円	通信費、光熱費、消耗品、法定福利費等概算額
	合計③	57.75万円	90.75万円	
利益 ①−②−③		-18.15万円	28.65万円	（注）個人営業の場合、事業主分は含めません。

売上予測の計算方法

① 店舗売りのウェートが大きい販売業
→単位面積（1㎡または1坪）あたりの売上高×売り場面積

② 飲食業や理容・美容業といった店舗を持つサービス業関係
→客単価×設備単位数（座席など）×回転数

③ 自動車販売、化粧品販売、ビル清掃など労働集約的な業種
→従業員1人あたりの売上高×従業員数

④ 部品加工、印刷、運送業など、設備依存型の業種
→設備の生産能力×設備数

は自宅を事務所として始めた場合でも、軌道に乗った際には事務所を構えるつもりなら、それを「事業の見通し」に示し、「家賃」の欄に計上します。

なお、個別例になりますが、どうしても「自分の役員報酬（人件費）を下げたくない」というタイプの人もいます。「独立前は一流企業に勤め、年収2000万円レベルで仕事をやってきた。独立して会社を経営する以上は、低い報酬で働けるものか！」といった考えの人です。

その場合は、「事業の見通し」欄の人件費が高額になり、始める事業の実態との乖離も出てきます。黒字になる見込みがなかなか立たないのです。こういう人に限って、「会社は赤字でもかまわない」と考えるケースもあります。すると担当者に、

「この人はかつてのプライドを捨て、裸一貫で一から頑張ることはできない人だ」

と判断されてしまうかもしれません。

その結果、申請した融資が却下されるようなこともあり得るのです。

創業計画書を通して、自分自身を見つめ直す大切さは、このような面にも表れてきます。本書で解説している創業計画書はA3用紙たった1枚ですが、されど創業者の人となりを示す重要な1枚でもあります。

このことにくれぐれも留意しておきたいものです。

●売上について記載する際の留意点

「事業の見通し」のなかで、金額が見込みやすい仕入や外注と比べて、**売上はまったくの予測に立って記入しなければならない**点にも留意しましょう。実際、商品やサービスが「売れるかどうか本当のところはわからない」時点で具体的な数字として記入しないといけません。

では、具体化するためには、どうしたらよいのでしょうか。前述したようにテスト販売や店舗の立地調査、また、「ユーザーの声」を集めたり消費者ニーズを確かめたり、でき得る策を実際に打ってみて、その反応を確かめるとよいでしょう。要は自分の考えに沿って「試してみる」ことです。

この点は、副業として実践してきた人に一日の長があります。たとえばＩＴ企業に勤め、副業でゲームアプリを開発・販売してきたような場合、これまでの経験から売れ筋を理解していたり、スポンサー企業とのつながりがあったりするからです。

まったくそのような経験がない場合、まずは自分なりの想像で金額などを埋め、後述する税理士やコンサルタントなどのパートナーに意見をもらうことです。そうすれば、自分が的外れな想定をしていた場合にも早めに気づくことができるでしょう。

16 損益計算書をつくって返済計画を立ててみよう

●返済の財源はどこにある？

創業融資を受けるにあたっては、その返済についてメドを立てておかないといけません。

返済の財源は、**左図**の損益計算書で見ると、「**当期純利益に、減価償却費（販管費及び一般管理費に計上される）の額を加えた合計額**」です。

この科目以外のお金を返済の財源に充てることはできず、この合計額より返済額のほうが大きいのであれば資金が行き詰まってしまいます。「**返済財源－借入金返済元金**」で計算できる資金収支が常にプラスになっていなければならないのです。

では、損益計算書がどんな科目で構成されているか。簡略化したものは創業計画書の「事業の見通し」の項目ですが、あらためて確認しておきましょう。

損益計算書と返済財源

返済の財源は「減価償却費と当期純利益」の合計額
「返済財源－借入金返済元金」がプラスになるように

損益計算書の様式例

自 令和　年　月　日
至 令和　年　月　日

（単位：円）

項目	金額	
売上高		47,760,000
売上原価		14,328,000
売上総利益		33,432,000
販売費及び一般管理費		20,000,000
（減価償却費）		500,000
営業利益		13,432,000
営業外収益		
受取利息	200,000	
受取配当金	100,000	
雑収入	100,000	
営業外収益合計		400,000
営業外費用		
支払利息	200,000	
手形譲渡損	0	
雑損失	100,000	
営業外費用合計		300,000
経常利益		13,532,000
特別利益		
固定資産売却益	0	
投資有価証券売却益	0	
前期損益修正益	0	
特別利益合計		0
特別損失		
固定資産売却損	0	
減損損失	0	
災害による損失	0	
特別損失合計		0
税引前当期純利益		13,532,000
法人税、住民税及び事業税		5,412,800
法人税等調整額		0
当期純利益		8,119,200

合計＝**返済の財源**

【売上高（売上予測高）】

売上予測の額を記入します。**123ページ図**でいえば軌道に乗ったあとの売上高。希望的な金額ではなく、さまざまな角度から達成可能な売上高を予測します。

【売上原価（仕入高）】

原価は一般的には「**売上高×原価率**」で求めます。原価率は業種や商品などによって異なりますが、業界平均値などをもとに、予定している販売戦略などを加味して計算することになります。

【営業経費（販売費及び一般管理費）】

人件費、家賃、減価償却費、その他などの科目が並びます。

営業経費には、毎月決まった額の支払が必要なもの（**固定経費**）と、売上高などに応じて金額が変わるもの（**変動経費**）とがあります。なお、「その他」としては、人件費、家賃、減価償却費を除いた一切の営業経費を具体的に算出して記入します。

【営業利益】

「**売上高－（売上原価＋営業経費）**」で算出します。本業でどれだけの利益を出しているか（また、損失を出したか）がわかる重要な科目です。

【営業外収益】

受取利息、受取配当金、雑収入など営業以外の収入です。創業したあとに、会社としてサイドビジネスで株式投資のほか駐車場などの不動産経営を行うことが考えられます。そうした収入があれば、その額を記入します。

【営業外費用】

支払利息など営業以外に関する費用です。

【経常利益】

通常は「**営業利益＋営業外収益－営業外費用**」で算出します。さらに、特別損益を加味したものを税引前当期純利益と呼びます。それは法人税などの税金を納める前段階での利益です。

【法人税、住民税及び事業税】

ここは法人の場合の科目で、個人事業として営む場合は記入する必要がありません。税率は毎年の税制改正にともない変わりますが、便宜的に地方税等も含めて、**税引前当期純利益×40％**を目安としておけばよいでしょう。

【当期純利益】

「**税引前当期純利益－法人税、住民税及び事業税**」で算出します。これがプラスかマイナスかで、「いろいろな事業をやってみて、その一定期間に儲けることができたかどうか」がわかります。儲けていれば、翌期に繰り越して、新たな投資をすることも可能になります。

17

創業計画書がより活きる！各種参考資料の集め方

●添付資料で創業者の「意欲の根拠」が見えてくる

日本政策金融公庫の創業計画書の右隅に「**これまでのご経験や事業内容の詳細が分かる計画書など、参考となる資料がございましたら、併せてご提出ください**」とあります。ここも要注意ポイントです。

添付できる資料がまったくないのであれば、創業計画書の「根拠の妥当性」を示すことができないと判断されてもしかたありません。一方、数十ページにもわたる参考資料を添付されたのでは、担当者としても判断すべき材料が多く、散漫となってしまい、的を絞った審査ができにくくなります。悪くすると、「一見、妥当そうに見せて、ごまかしているのでは？」などと勘ぐられてもしかたありません。

どの程度の参考資料を添付するのが適切なのかは、**左図**を参考にしてください。ここでは事業の

主な必要書類と参考資料

Ⅰ 必要書類

- □ 個人の生活費を支払っている銀行口座の通帳原本（残高が多いほうが望ましい）
- □ 最近まで給料をもらっていた場合、源泉徴収票と半年分程度の給与明細書
- □ 借入金がある場合の返済予定表
- □ すでに事業を行っている場合の事業用の預金通帳原本
- □ 運転免許証やパスポートなどの本人確認資料の原本
- □ 借入で購入する設備の見積書

Ⅱ 参考資料

- □ 家族全体の金融資産がわかる通帳原本や証明書原本等
- □ 事務所や店舗を借りている場合の賃貸借契約書、これから借りる場合は物件のチラシ
- □ 自宅を借りている場合の賃貸借契約書、持ち家の場合は不動産の登記事項証明書
- □ 営業許可証、各種の許可証、資格や免許が必要な事業の場合はそれを証明するもの
- □ 直近及び今後の売上予測の根拠がわかるもの（受注明細など）
- □ 作成している場合は事業計画書や資金繰り表など

種類、資金の出所などによるいくつかのケースを想定して考えていきましょう。

●店舗を始めるなら、立地調査、交通量調査くらいはしておく

飲食店、物品の販売店など店舗を構えるビジネスを始めるケースでは、なぜ「そこに、その店舗を用意するのか」に関するメリットを示していくことが大切です。

それは、「その場所に店を持ちたい！」という自分にとってのメリットではありません。お客さまにとって、「その場所が便利であり、また行ってみたい」などとお客さまが評価する、いわば「お客さまにとってのメリット」です。

すべてのメリットを実証することは、実際にそこで店舗を開いてみないとできません。しかし、その場合でも、**予定している店舗の立地調査、店舗の前の交通量調査**くらいは行っておくべきです。調査とはいいますが、大がかりなものでなくても、いっこうにかまいません。

立地調査では、予定している店舗の所在地とその人口、予定している業種での平均的な商圏や商圏人口をはじき出し、近隣にある競合店の状況をできる範囲で押さえておきます。地域の人口はインターネットで調べられますし、その地域での同業者の数がわかれば競合状況もわかります。予定している店舗の所在地とその周辺を実際に歩いてみて、競合状況を把握することもできるでしょう。個別例ですが、調査した結果を示す資料に「店舗の仲介で対応してくれた不動産会社の意見」

を添えるのもお勧めです。

交通量調査は足を運ばないとできません。時間帯に応じた通行人数、業種・業態によってはクルマか徒歩かの別、また男女や年齢層に分けた数などを休日と平日で実数を出し、一覧表にして示すとわかりやすいです。移動販売を行うような業態で創業する場合は、定常的な移動ルートとそのルートの人通りを示しておくのもよいでしょう。

審査する側としては、何より「その事業で儲かって、貸したお金を返せるかどうか」が気になります。ですから、その観点から参考にできる資料を添付することが大切です。

●「最適な人通り」は創業する業種により異なる

業種によっては、「周辺の人通りは多いけれども、予定している店舗の通りだけは人の往来が少ない。そのほうがお客さんにとっては来店しやすい」ということもあり得ます。「人通りの多寡よりも、駐車スペースのほうが重要だ」と考えるケースもあります。ラブホテルや特定の古物商や画廊、喫茶店などがそうです。そのような場合は、予定している店舗の立地がその条件にもっとも適っていることを示していく必要があるでしょう。

融資ではありませんが、ある投資会社の代表者が「もっとも堅実な投資はラブホテルだ」と話していたことがありました。交通量調査などの確度がもっとも的確で、投資の判断の際に〝白黒〟がつけやすく、まず見当違いになることはないからだそうです。

いくぶん個別事情になってしまう面もありますが、自分の創業する事業に融資を受けるために、どんな参考資料、事前調査が必要かという点で参考にしたいものです。

●お金持ちの親族がいるなら、その通帳の原本が審査に利く！

資金調達の方法として、自己資金や創業融資のほかに、親、兄弟、知人、友人等からの借入でまかなうケースも多いでしょう。場合によっては出資してもらうという考え方もあります。そのような場合は、**資金の出所**を証明しておくことをお勧めします。

その方法としてもっとも的確なのが**預金通帳**です。自己資金であれば、自己資金があることを示す自分の預金通帳で、他からの借入であれば、その人（親、兄弟、知人、友人など）があなたにお金を貸すだけの余力があることを示した預金通帳です。面談では、いずれも、コピーではなく原本を持っていきます。

預金通帳の原本を提示された担当者は、金融機関名や残高などを当然ながら確認します。それだけです。まさか他人の預金通帳の原本を預かる担当者はいません。預かったとしたら、それはそれで大問題です。必要に応じてコピーをとるなどするでしょう。

お金持ちの親族など他の人の預金通帳の原本を提示することには、二つの効果があります。一つは借入という資金調達方法の根拠になること。もう一つは、借入する相手にあなた自身が信用されていることの証明です。

これで、融資担当者はあなたのことを「しっかりした考えを持ち、返済できる人」と信用してくれるのです。

●設備資金には見積書が必要

資金使途は**設備資金と運転資金**に大別できます。このうち設備資金については、**設備の内容に関する見積書**を添付する必要があります。

その設備をネット通販で購入したい場合は、その通販サイトから印字できる見積書やショッピングカート内の商品を印刷したものでOKです。

実際に創業計画書に記入した設備を計画書どおりに購入するのも、借りる側の礼儀です。「計画書と異なる設備を購入した」「計画書に記載した設備よりかなり安い設備を購入して、お金を浮かせた」といったことがわかれば、当面は金融機関から融資を受けられないようになると考えたほうがよいでしょう。

また、1000万円を超えるような大きな金額の設備の購入では、その領収書を提出したり、購入設備の写真の提出を求められたりすることもあります。このことは日本政策金融公庫より一般の金融機関の融資のほうがより厳しく、「借りたお金の入った口座からすぐにその場で振込をして設備を購入してもらう」という決まりにもなっています。

設備資金と運転資金では使途の性格が異なるため、金利が異なります。設備資金は使途が明確であり、その設備に担保価値もあるため、融資する側も金利を低めに設定します。それだけに、別のことに使われてしまうと、想定していたリスクが異なってしまうため、金融機関側としても困惑してしまうのです。

●持ち家と賃貸、ローンの有無を明確にしておく

創業計画書の添付資料として「**返済予定表**」がありますが、これは自宅やマイカー、教育ローンなどの返済予定表です。これらのローンについては残高があってもいっこうにかまいません。大事なのは着実に返しているかどうかです。

ただし、自宅については、担保として提供できるかどうかが問われるケースがまれにあります。日本政策金融公庫の創業融資は原則、無担保・無保証で、法人への融資については創業者個人の連帯保証も必要ありません。これらが利点なのですが、どうしても「自己資金が足りない」などの理由で融資ができない、もしくは審査が通りにくいケースがあります。

そのとき、すでに自宅のローンの返済が終わっているなどで担保余力があれば、その部分を担保

として提供できるかどうかを検討し、可能であれば融資が実行されるケースがあることも理解しておくとよいでしょう。

では、クレジットカードのローンやリボ払いが残っているケースについてはどうでしょうか。この場合、たとえば「高額のセミナーにカードローンの複数回の決済で出席し、残額が3か月分ある」などの具体的な説明ができればいいのですが、日々の生活のなかで積み重なったカードローンの場合は、できる限り返済しておくべきです。残高が多額になっているとまさに家計は火の車で、事業に専念できません。結果、担当者に、

「この人に返済してもらうのは無理だ」

と判断されてもいたしかたないこともあります。

18

創業計画書とともに重要な「借入申込書」の記載方法

●創業計画書の記載と齟齬がないように

創業計画書に添付する書類として、日本政策金融公庫では「借入申込書」を求めています。そのフォーマット（記入例）は**左図**を参照してください。特段、むずかしい内容ではなく、指定された項目を記入し、借入金額などは創業計画書から転記します。

この借入申込書については、創業計画書にも「借入申込書に添えて、創業計画書を提出する」という文言があるように、融資を申請する形式上、「借入申込書が主で、創業計画書が従（添付）」という関係になっています。日本政策金融公庫で創業融資を受ける際には、絶対に欠かせない書類です。

記入したあとは、創業計画書に記入した内容と突き合わせて、齟齬がないか綿密にチェックしておきましょう。

借入申込書の記載例

受付月日　受付番号

借入申込書

（一般貸付・特別貸付／生活衛生貸付用）
株式会社日本政策金融公庫
（国民生活事業）

記入例はこちら

裏面の「公庫におけるお客さまの情報の取扱に関する同意事項」にご同意のうえ、ご記入ください。

ご記入日　令和　年　月　日

お申込人名
法人名・商号（屋号）（ゴム印でもかまいません。）
フリガナ　マルマルショウテン
株式会社〇〇商店
個人事業主の方・法人代表者の方のお名前（自署でお願いします（ゴム印は使用しないでください。））
フリガナ　マルマル　タロウ
〇〇　太郎
個人事業主の方・法人代表者の方の　性別　㊚・女　生年月日　大・㊐・平・令 46年 9月 ×日

〒113-×××× ☎（03）-（3270）-（××××）
本店所在地　文京区××町2-1-×　ビル・マンション名（　　　号室）
本店所在地の不動産　所有・㊎借用

〒　　☎（　）-（　）-（　）
営業所所在地　同上　ビル・マンション名（　　　号室）
営業所所在地の不動産　所有・借用（借用に〇）

〒160-×××× ☎（03）-（3342）-（××××）
お申込人または法人代表者の方のご自宅住所　新宿区××1-14-×　ビル・マンション名（　　　号室）
自宅住所の不動産　（所有）・借用

主な連絡先 ✓

借入申込・調査には手数料・調査料等は一切不要です。

お申込金額	500万円
お借入希望日	7月 7日
ご希望の返済期間（元金据置期間を含みます。）	5年
元金据置	①希望なし　2 令和　年　月まで希望
毎月のご返済希望日（ご希望の返済日に〇を付けてください。）	5日・10日・（15日）・20日・25日・末日（金融機関によっては、ご利用いただけない日があります。）
ご返済金のお支払方法	（口座振替）　〇〇　（銀行）・信用金庫・信用組合・労働金庫

資金のお使いみち（注）		
運転資金 200万円	設備資金 300万円	
（該当する項目に〇を付けてください。）		
①商品、材料仕入　(2)買掛、手形決済　(3)諸経費支払　(4)公庫資金借替　(5)その他	①店舗・工場　(2)土地　③機械設備　(4)車両　(5)その他	

当公庫とのお取引　有・（無）（どこで当公庫をお知りになったかA群、B群から1つずつ該当するものに〇を付けてください。）

A群（団体）①公庫　2 商工会議所商工会　3 生衛組合・指導センター　4 金融機関　5 税理士　6 取引先、同業者(元)勤務先　7 中小企業支援センター　8 地方公共団体　9 その他
B群（媒体）①口コミ　2 ホームページ　3 相談会　4 セミナー、イベント　5 会報誌、広報誌、メールマガジン　6 新聞、雑誌等のメディア

携帯電話	お申込人・代表者（090）-（1234）-（××××）
	上記以外の方（　）（　）-（　）-（　）
メールアドレス	marumaru @ xxx.xx.xx
創業年月	明・大・昭・平・㊎令 29年 7月 （創業）・創業予定（個人で創業された後、法人を設立された方は、個人で創業された年月）
業種	菓子製造業（卸）　従業員数（家族従業員を含みます。）3人

お申込人または法人代表者の方のご家族

続柄	お名前	年齢	ご職業・学年
妻	〇〇 明子	38	xx株式会社事務
長男	〃 一郎	15	中学3年
長女	〃 花子	13	中学1年
二男	〃 二郎	9	小学3年

（注）原則として、他の金融機関の借入金のお借替えにはご利用いただけません。公庫資金においても、お借替えいただけない制度があります。

担保・保証の条件をご選択ください。

A・Bのチェック欄□のいずれかに✓印をお付けください。
また、法人のお客さまは、C・Dのチェック欄□のいずれかに✓印をお付けください。
（選択された内容により、適用される利率が異なります。）
なお、各種制度の適用にあたっては一定の要件に該当することが必要です。くわしくは、公庫の窓口までお問い合わせください。

A 不動産等の担保の提供を希望しない。チェック欄 ☑	B 不動産等の担保の提供を希望する。※（根）抵当権の設定等の手続きが必要です。チェック欄 □

法人のお客さまは、C・Dのチェック欄□のいずれかに✓印をお付けください。
（個人のお客さまは、原則として無保証人でご利用いただけます。）

C 経営者保証の提供を希望しない。チェック欄 □　※原則として、一定の利率が上乗せされます。	D 経営者保証の提供を希望する。チェック欄 □　裏面の「連帯保証に関するご案内」を必ずお読みください。

（国民生活事業取扱）100－1102（06.07）100 オビ

日本政策金融公庫（https://www.jfc.go.jp/n/service/dl_kokumin.html）

19 許認可手続きについてもしっかり確認する

●手間はかかるが、欠かせない手続き

食を扱う場合の衛生面や医療機器・医薬品の分野などの技術的な観点から、許認可手続きが必要な事業もたくさんあります。また、技師・士業のジャンルなど、事業を行う会社そのものではなくとも、その業務に従事する個人に必要な資格もあります。

創業にあたって取得しなければならない許認可もあれば、創業を意識したとき、事前に「取得しておくべきだ」と考える資格もあるでしょう。

そうした手続きは手間ではありますが、手続きが終わっていること、資格を取得していることを示せば、事業の確かさを保証してもくれます。

主な許認可事業を**左図**に示しました。事業を行う会社（個人事業の場合は代表者個人）に不可欠な許認可です。

主な許認可手続き先

保健所	警察署	都道府県庁 その他官庁
・飲食店営業	・マージャン店	・酒類販売業
・菓子製造業	・風俗営業	・各種学校
・食肉販売業	・古物商	・旅行業
・食品処理業	・質屋	・宅地建物取引業
・魚介類販売業	・警備業	・建設業
・旅館業	・指定自動車教習所	・運送業
・理容業	など	・人材派遣業
・美容業		・自動車整備業
・クリーニング業		・ガソリンスタンド
・医薬品等の販売業		・電気工事業
・公衆浴場		・砕石業
・墓地等経営		・解体工事業
・病院診療所		・NPO法人
など		など

●関係窓口に問い合わせて確認していく

許認可手続きの細かな点が不明な場合は、直接、関係窓口に確認してみるのが一番です。実際には、たとえば調理師や危険物取扱者、医薬品の登録販売者などその事業を扱う資格者がいることを証明し、窓口に申請すると、その事業に応じた審査が行われて手続き完了となるケースも多いようです。

ただし、会社の代表が有資格者でなくても、その業務を行う従業員が有資格者である必要がある場合は、人員計画・人件費にその資格者分の給料を盛り込む必要もあるでしょう。影響が多方面にわたる分だけ、事前にしっかりと確認しておく必要があるのです。

なお、創業計画書を提出する段階で許認可手続きが完了していたら、それを積極的にアピールしましょう。事業に向かう真剣さを、担当者にくみ取ってもらうことができます。一方、必要な許認可の取得が確認できるまで融資の振込が止まることも多いので、早めの行動が必要です。

許認可手続きとは別に、創業にともない**左図**に示したような各種の届出が必要になってきます。すべての手続きを創業者自身で行うことも可能ですが、実情としては、**税務関係は税理士に、保険・年金関係は社会保険労務士に依頼する**ことが多いです。第4章で述べるパートナーとも協力し、適宜、対応してもらうとよいでしょう。

創業にともなう各種の届出・提出書類

個人の場合

Ⅰ　税務署

①開業届出書
②青色申告承認申請書
③給与支払事務所等の開設届出書（従業員を雇うとき）

法人の場合

Ⅰ　税務署

①法人設立届出書
②給与支払事務所等の開設届出書
③たな卸し資産の評価方法の届出書
④減価償却資産の償却方法の届出書
⑤青色申告承認申請書（青色申告したいとき）

Ⅱ　都道府県税事務所（市町村役場）

事業開始等申告書（法人設立・設置届出書）

Ⅲ　年金事務所

健康保険、厚生年金保険
①新規適用届
②被保険者資格取得届
③被保険者異動届

Ⅳ　ハローワーク

雇用保険
①適用事業所設置届
②被保険者資格取得届

Ⅴ　労働基準監督署

労災保険
①保険関係成立届
②適用事業報告

20

融資がむずかしい案件でもリカバリー策はある

●ストーリーの辻褄が合わないと、融資担当者も自信をもって融資できない！

創業計画書は日本政策金融公庫の書式のほかに、各自治体が用意しているものもあります。「これでなければならない」と、法で定められたものではありません。ただ、創業融資を受けるという目的に照らせば、日本政策金融公庫を貸付機関とするケースが圧倒的に多く、その書式が〝よくできている〟というのは前にも述べたとおりです。

では、その書式＝創業計画書のまとめ方として、どんなものが〝ダメ〟なのかを見ていきましょう。

まず、ＮＧなのは「**一連の流れ＝ストーリーのないもの**」です。

個々の記入内容は、融資を受けようとする人の気持ち、実情が表れたものですから、ここでその事実を「よい、悪い」と論じるつもりはありません。従業員を最初から10人雇いたいのであれば、それも事実でしょうし、自分一人だけで、当初から億単位の月の売上を計上できるというのであれば、それを頭ごなしに「あり得ない」としてしまうつもりもありません。

ただし、それらの意向を表現した創業計画書によって「創業融資を受けられるのか」となると話は別です。

たとえば、自己資金が30万円しかない人がいたとします。起業することをめざし、自己資金を貯めておこうと取り組んだ結果の30万円です。もちろん、法律上は、それでも株式会社をつくることができます。しかし、その人が「１０００万円を借りたい」と創業計画書に書いても、創業融資はそのままでは実行されないでしょう。なぜなら、ひと言で述べると、

「頑張っても30万円しか貯められない人に、１０００万円を融資しても、それを返してもらうのは無理だな」

と融資担当者は考えるからです。

●説明しづらい自己資金もNG

同じく、自己資金の例です。自己資金の根拠の示し方がマズく、融資が実行されにくいケースもあります。つまり、**コツコツと貯めたお金が自己資金となっている**ことが大事なのに、どこからか降って湧いたように３００万円、５００万円の自己資金が用意できていることを示すような創業計

画書です。

なかには、「どんな経緯にせよ、300万円の自己資金を用意できたのだからいいじゃないか」と考える人もいるでしょう。

しかし一方で、「創業時の考え方が甘い！」という指摘もできます。融資担当者としては、「創業後のいろんな苦労に耐えられるのか？」

と不安になるのも当然ですし、

「誰かから借りた金なら返さねばならず、結局、その返済で事業は行き詰まる」

と考えるのも当然のことです。

自己資金に限らず、「創業計画書に表現した金額や数字はすべて根拠が求められる」と考えておくべきです。その金額や数字のなかで、「自己資金は唯一、すでに現物があり、確定できるもの」といえます。その自己資金の根拠さえうやむやにして示せない人は、創業融資を受けたいと申し出ても信用してはもらえないでしょう。

●「表面上の不一致」や「論理の飛躍」も要注意

もちろん、前述したように創業計画書の**「必要な資金と調達方法」欄**（**115ページ図参照**）**の左右の合計額が一致しているか**どうかも重要です。一致していない場合は計算間違いか、計算根拠の判断ミスか、いずれにせよ「資金の見積りの詰めが甘い」と判断されます。

また、**「経営者の略歴等」（87ページ図参照）を踏まえた「取扱商品・サービス」（90〜91ページ図参照）になっているか**も重要です。まったく経験のない業界にいきなり飛び込むような創業計画書もありますが、もしそうであれば、それをフォローする記述になっているかどうかが大事です。

たとえば、事務機器商社に勤めていた定年前の役員がラーメン店を開くとしましょう。一見すると、畑違いの事業への進出は融資をする側から見るとクビをかしげざるを得ず、融資したくても「むずかしい」という判断になりかねません。きちんとした筋道もなしに、「アレをやりたい」「コレをやりたい」といっているだけでは、「趣味として取り組んでみては？」などといわれておしまいです。

ただし、その創業計画書に、「ストーリーの溝」を埋める記述があり、明快であれば融資担当者の対応は変わります。たとえば、「自己資金には、退職金の２０００万円を充てる。20年間ずっと定年後にはラーメン店を開こうと考え、全国各地、年に１００軒のラーメン店を食べ歩いた」となれば、話は別です。

なぜなら、そこには売上を伸ばしていくための根拠や道理、まっとうな動機、筋道があり、それが確かであると判断できるからです。

●〝延滞トラブル〟はマズイが、乗り越える方法はある

創業計画書が「ダメ」というより〝残念な〟パターンもあります。その最たるものが、「過去に借入の返済が滞った経験があり、その事実を自覚せず、創業計画書を作成して申し込む」というケースです。

本人に創業に対する意気込みがあるにもかかわらず、その滞納の情報は金融機関の信用情報として登録されています。それを意に介さず創業計画書を提出してしまうのです。すると、審査を進めてもらっても、結局、融資担当者から理由も告げられず、申請が却下される可能性が大です。

そうした事態を避ける方法は二つあります。

まず、借入の申込書の裏面に「この信用調査機関で信用情報を確認します」といった文言が記載されているので、**自分の信用情報をその信用調査機関にお願いして自分で照会し、自分で確かめてみる**ことです。自分がいわゆるブラックリストに載っていれば、創業融資の申請や創業そのものを1年ほど先延ばしして、着実に返済を続けてブラックリストから削除してもらうという方法も考えられます。

もう一つはダメモトですが、**融資担当者に面談の場できちんと説明する**ことです。なぜ、滞納に至ったのか、その滞納以外はきちんと返済していることを説明し、融資担当者に納得してもらえれ

融資を受けられない「創業計画書」

一連の流れ＝ストーリーがない!

「必要な資金と調達方法」欄の左右の合計額が一致していない!

経営者の略歴等を踏まえた「取扱商品・サービス」になっていない!

創業の動機の欄で〝自分探し〟を始めてしまう

いい加減な自己資金の根拠

申請の少し前に延滞トラブルを起こしている!

ば、懸念点の一つはクリアされたことになります。

この滞納は住宅、マイカー、教育費のローンだけでなく、クレジットカードのキャッシング機能のほか個人の携帯電話の支払の滞納も同様です。

かつて、携帯電話の料金の引き落とし時に海外出張していて残高が足りず、返済しそびれて信用情報に汚点がついてしまった例がありました。そのときは、面談でその旨を担当者に説明し、理解を得たようです。

まさに、ケース・バイ・ケースな面があって一概にはいえませんが、決して創業計画書という書面だけで「すべてが決まる」わけではないことも理解しておきたいものです。

21 創業計画書の修正は〝実態〟の見直しから

●数字合わせに走らない

ある程度でき上がった創業計画書を修正する場合、ややもすると「必要な資金と調達方法」の欄や「取引先・取引関係等」「事業の見通し」の欄などの〝数字合わせ〟に終始する人がいます。

しかし、それでは不十分。つぎはぎだらけの創業計画書になってしまいます。本来は「**事業の内容を実態に照らして修正する必要があるかどうか**」を考えるべきでしょう。

●実態が変われば修正が多方面に及ぶ

たとえば、スポーツクラブの経営を事業として始めたいとする人が、「本当にこの豪華なジャグジールームが必要なのか」といった検討・見直しをしてみたとします。

その結果、不要だということになれば、初期の設備資金が大幅に減少します。加えて付随する光熱費、メンテナンス代などの運転資金も減少します。用意できる自己資金は変えないとしても、設備・運転資金の減少に応じて融資希望額を調整すれば、「借りられなかったはずのお金が借りられた」ということもあり得ます。つまり、そのほうが確実に事業のスタートが切れると判断できるときに見直すわけです。

そして、もともと必要と考えていた豪華なジャグジールームは、事業が軌道に乗って本格的に拡大していく3年後に、創業融資ではない一般的な設備資金の融資で申し込めばよいのです。そのときには、創業計画書ではなく、より精緻な事業計画書の提出を求められるでしょう。

事業を始めるとなれば、取引先などから最新鋭の機器などを紹介されることもあるはずです。そんなときこそ、いくら欲しくてもすぐに飛びつくのではなく、本当にその機器がいま必要なのか、もっと安価な機器、中古の機器でもよいものはないか、さらに、安価・中古の機器を導入したほうが顧客への価格競争力にもつながるのではないか、といったことを想定し、検討してみることをお勧めします。

第3章

金融機関の面談をうまく切り抜ける方法

コラム

創業面談の回答例とアドバイス

実際の創業面談での融資担当者の質問と回答例を紹介するとともに、よい回答のアドバイス、よりよい回答への改善例などについてまとめました。

ここに挙げた面談事例は、創業融資を受ける際には必ずといっていいほど融資担当者から質問される項目です。前章の「創業計画書のつくり方」と重複する面もありますが、面談での融資担当者からの質問の回答に絶対欠かせない「共通する重要ポイント」としては、次の項目があります。

①独りよがり、自分勝手にならない

話が長くなったり、自分のこと・自説ばかり語ったりするのは厳禁です。もちろん担当者に受け入れてもらえなかったり反論を繰り返したりして、挙げ句の果ては怒り出してしまうことも厳禁。担当者は「稟議を上げやすい回答を待っている」と心得ましょう。

また、他の創業計画書の記入例をそのまま写しても、すぐにバレます。創業計画書は模範例を見て、「自分ならどう書くか」と考えて、自分の言葉で埋めていくことが大事です。

②数字、写真などで示せることは端的かつ積極的に示す

とくに数字は、「なぜ、そう言い得るのか」根拠を示すうえでも重要です。たとえば「自己資金が300万円あるので、初期投資はやり繰りできます」というなら、300万円の預貯金がある通帳の原本を持参するなどです。

また写真は「こういうお店をつくりたい」「こういう試作品ができている」「こういう作業工程を経ます」など、言葉で示すよりわかりやすくなります。A4用紙2～3枚に貼り、端的に示せる用意をしておきます。

③担当者が安心して貸せる、と判断できる状態にする

「安心して貸せる」とは「きちんと返済できる見込みが持てる」ということ、「上司に稟議を上げやすい材料を用意すること」と同様です。あなたは創業に必要な事業資金の融資を求めるのであって、創業後1年ほどの生活費を求めるのではありません。配偶者や両親、親族からの援助があれば、それは好材料として積極的に伝えるべきです。

④根拠もなく同業他社、自治体、国など他人を批判したり貶めたりしない

おしなべて他を悪く言って自分の存在意義を誇示したり、「最近の国の姿勢はなっていない」など、建設的な意見であっても他者を批判したりするのは別の場ですべき。あなたは批評家やコメンテーターなどではなく、融資を獲得するために面談に臨んでいるのです。

⑤一度、模擬面談を知人や家族とやってみる

ロールプレイングは営業や接客、さらに医療でも重視されていること。一回でもいいので、事前にやっておきましょう。模擬面談の相手から、「あなたの話は長い・理屈っぽい・紋切り型・要領を得ない」などと指摘されれば、事前に改善もできるはずです。

これら共通ポイントをぜひ参考にして、〝最初の面談〟を乗りきってください。

面談事例1

創業の動機を教えてください。

回答例

以前から、同業界で仕事をしている①叔父から話を聞いており、この業界に対して興味を持っていました。②もともと勤めている会社も同業界で、仕事、ビジネスの修業と思って働いてきました。

もとの会社では③5年働いたことで、ひととおりの経験を積めましたし、④業界での人脈も少なからずできました。そこで⑤一念発起し、自分で創業してみようと思いました。

アドバイス

①ナマの業界事情を知っているのはとても強みになります。積極的にPRすべきです。「創業の動機」が曖昧な人が多いなかで、「叔父さんの仕事ぶりで興味を持った。自分でも業界で

働き経験を積み、自分で創業したいと思った」ということは、とても率直な動機だと担当者も感じてくれます。

②自分の経験が活かせる業界であることも重要です。

③5年では修業期間として「少ない、浅い」と思われるかもしれません。何か資格を取得したり、新事業を立ち上げ軌道に乗せたり、マネジメント職を務めたりしているのなら、その点を的確に示すよう強調すべきです。

④「業界での知人も多く」など、どういう人脈なのか、端的に説明できればベストです。

⑤決意のほどを大袈裟にならずに語ることができています。加えて創業までにどんな取り組みをして「一念発起」したのかを手短に伝える必要はあります。

たとえば叔父さんや前職のビジネスとはどう差別化しているのか、そのビジネスについて金融機関との折衝はあったのか、創業後1年程度は無給となった場合にどう暮らしていくのか、です。なんでも「若さで頑張ります！」では通用せず、「どう頑張るのか」を端的に伝える必要があります。

面談事例2

どんな方に商品・サービスを販売していくのですか？販売の戦略などがありましたら教えてください。

回答例

主な販売ターゲットは①〇〇市の〇〇地区の40～50歳代の女性です。近隣には同種の商品では②最低限のものを扱う店舗しかないため、おすすめ商品を実際に手に取って試せる店舗は③片道30分以上もクルマで移動しないとありません。

その「④ニーズはあるのに提供側が取り込めていないところ」を重点的にターゲットとします。来店いただいた方には、⑤LINEでお店のページに登録していただくと、いくつかの試供品をプレゼントします。ですから、⑥来店されたお客さまのほとんどに登録していただけると思います。

LINEページでは商品のこだわりなどを配信しつつ、商品がなくなる少し前にキャンペーンのご案内や定期購入のご案内を送ったりします。⑦そうしたファン化によって、リピート購入につなげていきます。

アドバイス

①明確にターゲットを絞ることができているのがいいです。「いいものを扱っていれば顧客が振り向いてくれる」わけでは絶対になく、「インターネットで全世界が顧客」ということもあり得ません。創業するお店に顧客が振り向く根拠、「なぜ振り向いてくれるのか」をもとにターゲットを絞っていくことが大切です。

②「最低限のもの」は「他店は最低限のものしか扱っていない」と批判的に聞こえます。同じことを、たとえば「一般の普及品を扱っている」など、他社を悪く言わずに明確に示すことができればベストです。

③言いたいことは理解できますが、「商品によっては休日に片道30分以上クルマで移動して『いい商品』を求める」顧客も一定数いるのでは？ と考える担当者もいます。「店舗を設けてどういう集客になるか」「30分以上かけなくてすむことに、どの程度の優位性があるか」については基本的なリサーチをしておくべきです。

④「ターゲットの絞り込み方」を端的に示せているのは、よいでしょう。できれば「そこに、こんな感じのお店をつくりたい」と写真で見せることができれば、担当者にもわかりやすい

です。

⑤「LINEに登録」などを安易な手法と考える担当者もいますが、創業時にマーケティングについて「何も考えていない」人が多いなかで、「何か対応を考えている」ことを示すことができます。加えて商品が売れて仕入代金を支払い、在庫を抱えてどう回収するかまで考えておくとよいでしょう。

⑥創業者がマーケティングについて話すとき、「一回使ってもらえばよさがわかる」といった話になりがちです。それでは説得力に欠ける面もあるため、テスト販売や他店の登録率など数字で示せるとなおいいです。

⑦説明した手法で、ファン化が実現できるとは限りません。しかし、リピート客を重視する考えは正しく伝わっています。たとえば、「顧客のファン化の手法」など言葉にすると長くなりがちなことは、写真や追加資料で端的に示すとよいでしょう。

面談事例3

従業員を予定どおり集められなかった場合は、どうしますか？

回答例

サービスを絞り込むことで、少人数で運営すること自体は可能です。①夜の時間帯なら友人が副業で手伝ってもいいと申し出てくれているので、事業を営んでいくうえで②最低限の人数のメドは立っています。

ただ、③少人数だと計画ほど売上が上がらなくなってしまうため、集客や売上の状況を見ながら④隙間バイトの活用や⑤採用条件の調整など臨機応変に対応していきます。

アドバイス

①サポート体制、協力している人の存在に担当者も安心感を覚えます。ただし、昨今の人手不足の状況は「予定どおりオープニングスタッフを集められないのが、当然」なのです。

②その〝メド〟が甘かった場合にどうするか、を担当者は確認しているのかもしれません。「気合いで乗りきる」はもちろん、「きっと誰かが助けてくれる」的な発言はしないほうがよいでしょう。とくに、「メドが立っていると言っているんだから、いいじゃないか」と反発するような態度になってはいけません。

③具体的に売上が計画の×%に落ちても維持できるという見込みと、維持する手法について簡潔に述べるとよいでしょう。少人数の場合のスタッフ教育についても、端的に示す必要があります。「計画ほど売上が上がらない」ことへの人事面での対応法は担当者も理解を示してくれるでしょうが、まったく売上が上がらない事態も想定され、その対処のしかたを答える必要もあります。

④昨今の人手不足下のバイト事情もよく理解していることが伝わってきます。

⑤とくに人件費の見込みが甘いケースが多く、前記④と同様に、具体的に考えている手法を手短に述べることが大事です。

面談事例4

必要資金がだいぶ高額なようですが、もっと小さく始めることは可能ですか？

回答例

店舗は顧客ターゲットにとって便利なところ、立ち寄りやすいところなど①利便性に合わせて立地を考えています。内装工事についても、商品の価格帯や顧客層に合わせた②少し高級感のあるデザインを、と考えています。

そのため、どうしても最初の必要資金は高めに見えてしまいますが、前職で同業にいた③経験上、約7割のお客さまがリピート購入します。ですから、④初期投資は広告費と捉えて訴求感を高めても、⑤十分に回収できると考えています。

確かに小さく始めることも検討してみました。しかし、店舗物件の家賃は変わりません。それに店舗・スタッフなどの⑥初期投資が小さいと、対応できるお客さまの数が限られてしまいます。すると⑦機会損失につながることも増えかねません。

現在の計画の規模がもっとも効率がよいのです。

アドバイス

①自分本位で考えているわけではないことが伝わってきます。

②「少し高級感」がどういうものか、必要に応じて写真などで示すことができれば、創業の意欲が担当者にもより伝わります。

③数字で見込みを客観的に伝えているのは評価できます。できれば「経験上」ではなく、「このようなデータから」と資料として提出するとなおよいでしょう。

④実は「借りられる目一杯の額」を借りることも重要で、そのことを理解していると担当者は感じます。ただし、誰もがあたり前に「融資の上限額」まで借りられるわけではありません。適正な額であることを示す必要があります。

⑤「十分に」の根拠、すなわちどんな返済シミュレーションを想定しているのかを説明すると、なおよいでしょう。

⑥事業の適正規模がどの程度かを理解していると担当者は感じます。お店なら、繁忙時は少し待っていただく程度の規模が望ましく、製造業なら「単価を下げて取引先を増やしていくつもりはない」ことを意思表示できると望ましいのです。

⑦機会損失ということのようですが、一方で担当者は「本当は運転資金という自分たちの生活費をできるだけ確保したいと思っているのでは？」と考えるケースもあります。

必要資金がいくらになるかは厳密に見ておく必要があります。なお、面談の結果、創業融資の額を引き下げられても、安易に腹を立てないようにしましょう。それが「あなたのビジネスについて金融機関が判断する適正額」なのです。

面談事例5

売上の目標がかなり高めのようですが、目標を大きく下回った場合はどうしますか？

回答例

①最低限の生活費の3か月分くらいの貯金はしていますので、その間に予定している②広告

宣伝を行ったり、知り合いに②開業の報告をしたり、②ホームページやLINEでの集客を強化したり、知り合いを集めた体験イベントなどを計画して、商品・サービスの認知拡大を図っていきます。

また、③夫が別の会社で管理職として普通に働いていますので、最低限の生活費は維持できると考えています。

アドバイス

①創業後3か月というと瞬く間に過ぎてしまいます。本当は1年くらい無給で暮らせる預貯金のほうが、担当者に安心感を与えます。

②具体的に何を行うか、しかも知り合いから広めていくことが見えているところも、担当者を安心させます。一方で、そうした認知拡大活動が本当に実を結ぶのかの根拠を他社データや自分の経験的なデータなどで示しておくことも大事です。

また、その認知拡大活動で思いのほかお金を使ってしまうかも？　と担当者としては不安がよぎるはずです。担当者はとくに、創業して2年目の資金状況が大丈夫か、ということが頭によぎるのです。

③事業資金を融資するのですから、「融資がなくても生活できる」ということは大事で、それ

が担当者にとって何よりの安心材料になります。どんな事業も軌道に乗るまでは〝実質報酬ゼロ〟でやりくりしなければならないこともあり、夫・家族のお金の面での協力・応援ぶりで、積極的にアピールできることはすべきです。

01 記載内容全体を通して根拠の説明方法を整理しておこう

●30分程度の面談で、「聞きたいこと」は一つに集約される

日本政策金融公庫の場合、創業融資を受ける際の担当者との面談は概ね30分程度です。その短い時間で担当者が確認したいことは、「お金を貸せる相手かどうか」に集約できます。言い換えると、**創業する事業で売上がきちんと上がり、返済が滞りなく行えるかどうか**です。その思惑からすると、面談の際に質問されることは、「創業計画書に示した内容の根拠」ということになります。

「この数字の根拠は何ですか？」

「どんな理由から、この金額を記入したのですか？」

表現のしかたは担当者によってさまざまですが、創業融資の申込者から聞きたいことは皆同じ。この点を踏まえて担当者が稟議書を書き、稟議を上げ、融資実行の決裁が下りるのです。

組織や人員計画においては、

「なぜ一人だけで事業を始め、従業員を雇うことは考えていないのですか？」

「個人事業としてのスタートのようですが、法人化の検討はしていますか？」

といった質問がないわけではありません。しかし、質問する担当者は、その「質問する事柄」だけを聞いているのではありません。

その質問の背景には、たとえば「業種や取扱商品・サービスの内容からして、一人で事業を続けることに無理があるのではないか」「取引先・取引関係の状況から判断して相手方は法人取引を望むはずだ」といった理由があるからこそ質問しているのです。

そのようなときは、**質問の意図をくみ取った根拠を示していく**必要があります。たとえば、先の質問の意図でいえば、

「会社として大きくするというより、当面は手堅く、外注先のネットワークを活かした形態にしていきたいです」

「予定の主要取引先が長い間懇意にしてくれているところで、法人より自分個人に対する発注のほうがやりやすいと話しています」

「取引先が増えていけば、法人取引を望むところもあるので、３年先には法人化を考えています」

などの説明が必要になるでしょう。

●販売より回収を重視する質問も

仕入先や外注先は、売上より原価・経費に関わります。そうした仕入先や外注先に対して支払が発生するのですから、担当者としては、「仕入先や外注先として適切かどうか」という観点からチェックします。単に昔からの付き合いのある取引先というだけではなく、**よりよいものをより安く安定的に仕入れることができる取引先かどうか**をチェックするのです。

マーケティングから回収までは、現実的な対応ができているかをチェックします。マーケティングと回収を業務として比べると、どうしても回収を軽視しがちです。しっかりと仕事をしたらお金は当然に入ってくると考えるからでしょう。

ところが、そうとは言いきれないのがビジネスの世界。とくに返済できるかどうかは、きちんと回収できていることが前提となります。

どんな事業家でも入金予定のお金が入ってこないこと、支払サイトの延長や取引先の入金の遅れ、取引先の経営不振や倒産などを一度は経験しています。そのような不測の事態に陥ったときにどう対処するかも重要です。

たとえば、連鎖的に経営が傾くことのないように、事前に中小企業基盤整備機構の「経営セーフティ共済」に加入しておくなどの予防策も必要になるでしょう。

根拠をどう説明するか

「お金を返せる人かどうか」を融資担当者は判断している

▶ 担当者の質問の背景や意図をくみ取る

▶ 着実にお金が入ってくる会社であり、事業であることを示す

前述しましたが、**入金より支払が先にくるような状態**は、予定していた入金が滞ると思わぬ資金負担を負う可能性があります。それを予防するような取引条件にしていく必要もありますが、当面、軌道に乗るまで入金と支払のタイムラグから生じる資金不足を運転資金に盛り込んでいかなければならないケースがあることも理解しておきましょう。

融資担当者が行う「売れる」「返済してもらえる」という判断は、そうしたことを踏まえたうえでのことなのです。申請する側としては、さまざまな事態を想定した損益の予測と資金繰りを示し、ビジネスとして成り立つ商品・サービスを示すことが大切となります。

02 面談の目的は創業者本人の本気度をはかることにある

●創業計画書が完璧であれば確実に融資を受けられる？

「創業計画書が完璧にできていれば、創業融資を受けられるんじゃないの？」

もし、そうだとしたら、創業計画書の作成は、専門家にお金を払い、見映えがよいものをつくってもらえばすむはずです。

しかし、そう簡単にはいきません。創業融資を引き出すには本人が金融機関に直接出向き、その本気さを対面して示す必要があるのです。

ただ、「独立して事業を起こしたい」「そのためにお金を融資してもらいたい」という気持ちが本気であることを、パフォーマンスとして示す必要はありません。

ふだんは作業着ばかりでスーツなど着たことがない人が一張羅のスーツを着ると、さすがに借り物のような印象を与えたりもします。そのような場合は清潔な作業服でもいっこうにかまいません。リラックスとまではいかないかもしれませんが、面談にはよい緊張感を持って臨むことが大切です。

創業計画書を専門家が作成したとしても、面談の質問では、申請した本人しか答えられないような質問が出ることもあります。それらを乗り越えることが創業への自信につながるのです。

●面談のときは、よけいなことを話さない

創業融資には絶対に欠かせない面談をスムーズに進めるコツについて触れておきましょう。

本気度を示す面談ではありますが、**よけいなことを話さない**ように気をつけることも必要です。初めの1～2分は自己紹介といった雰囲気で、自分と自分の事業について融資担当者に簡潔に伝えます。そのあとは質問されたことに答えるだけ。これでいいのです。

最初の段階で自分のことについて多くを〝語るタイプ〟の人は、やがて自分でも何を話しているのかわからなくなってしまう傾向があります。融資担当者に「きっと、緊張しているのだろうな」と思ってもらえればよいものの、それで面談の時間が押してくると、担当者は聞くべきことを聞けず、イライラしてくるでしょう。

「自己資金は?」

「はい、積み立てました」

そう伝えて通帳を差し出せば、融資担当者は**決めたことは守る人**と評価してくれます。

間違っても、

「3年前に一念発起しまして、毎月の給料から3万円ずつ貯めまして……でも、実際にはいろいろなことがあって大変で、どうしても貯金できない月もありまして……。一番大変だったのは妻が病気したときで、そのときは妻が元気であることのありがたみを……」

などと延々と語ってはいけません。

自分のアピールポイントはできるだけ一点に絞って強調しましょう。創業融資を受けるための面談ですから、アピールポイントはあくまで「返せる人」であることを強調するのです。自分にいかにリーダーシップがあるかということを得々と語るくらいなら、

「取引先はすでに決まっています」

「お金持ちの伯父がいて、伯父の通帳を借りてきました」

「共働きで、妻は大手の広告代理店に勤めています」

「自宅ローンは10年足らずで返済しました」

といったことのほうがよほど重要です。

「このアピールポイントを伝えることができなかったら、何をしに来たのかわからない！」

くらいの意気込みで、「（お金を）返せる人」であることを伝えるべきです。

面談で本人を見る意義

「自己資金は積み立てました」

「取引先はすでに決まっています」

「お金持ちの伯父がいて、
伯父の通帳を借りてきました」

「共働きで、妻は大手の
広告代理店に勤めています」

「自宅ローンは
10年足らずで返済しました」

●自分の経歴はもっとも有効な説明材料

融資担当者と面談するうえでもっとも有効な材料となるものは何か。それは、将来に向けた抱負や意気込みでもなく、有力なスポンサーの存在でもありません。創業融資を申し込むあなた自身の経験です。

「この事業に対して、これまでどんなことをやってきて、実現できているものは何か、実現できていないものは何か」という経験が有力な説明の材料となります。

これまでまったく手がけてこなかったビジネスを独立して事業とするケースは少なく、現実には、これまで何らかのかたちで関わったことがあるビジネスを自分の事業とするケースが多いものです。

その場合は、これまでの経験で得たことを明快に積極的にＰＲしていけばよいでしょう。

「これが私の事業の**顧客リスト**です」

そのひと言と資料が百万言を費やすより強い説得力をもちます。

そのとき、「自分はどんな価値を提供できるか」という観点に重きを置くとよいでしょう。〝自分視点〟で就職の職務経歴書を書くような発想ではなく、融資担当者の視点に立って「顧客に、どんな価値を提供できるか」の観点からアピールするのです。

「前職で課長を10年やってきました！」

ではなく、

「5年の課長経験で、新規出店のたびに採用と教育を一手に担当してきました。そこで獲得した人を成長させるノウハウや秘訣を人材育成に反映させ、会社を成長軌道に乗せたいと思っています」

といったアピールのしかたです。

その提供する価値を融資担当者が評価すれば、

「その価値を提供するのに、いくらかかるか？」

と考えるでしょう。その答えが融資額ということになるわけです。

03 実際の面談での確認ポイントをまとめて押さえよう

●実際の〝30分〟はどんな時間か

前述のとおり実際の担当者との面談は多くが30分ほどで、1時間近くもかかれば「かなり、細かいところを聞いてきた」といった印象を受けるでしょう。

ただ、面談の担当者は、**こちらが伝えたいと思って話すことには興味がない**ということも理解しておくべきです。興味のあることについては担当者から質問してきます。つまり、その質問の答えに担当者は興味があるのです。

ですから、面談でこちら側から話すことが大半を占めていたら、「スラスラと話せて満足」とするよりも、「自分勝手にムダな話を伝えてしまった」という理解が正しいかもしれません。

面談では言葉を飾る必要もなく、大仰に語る必要もありません。といって、卑下するように下手に出る必要もなく、ごくごく自然体で――。まれに、作成に協力してくれる税理士や経営コンサルタントなどのパートナーのなかには、「ここはガッツリ決めましょう！」と必要以上に力む人もいますが、面談では自然体であることが大切だと理解しているパートナーのほうが適任です。

融資担当者との面談では、創業計画書に沿って、さまざまなことが質問されます。ここでは、そのうち主要な項目をピックアップしてロールプレイングの形式で確認していきましょう。

●職務経歴は「異業種からの参入」に注意

職務経歴に関しては「どんな経験をしてきて、それが創業とどう関連しているのか」だけがわかればよいわけです。その点からすると、「なぜ？」と思われるのは**異業種からの参入**です。

たとえば、事務職の経験が長いのに飲食店を開こうと思った場合、当然「なぜ？」と聞かれるでしょう。パートナーとの打ち合わせ段階では、「前職の経験がどう活かされているのか」について創業計画書にかいつまんで触れておくようアドバイスされるでしょう。

そのうえで、面談の場では、

「顧客管理部門からの提案が実際の販売の拡大に活かされることを、これまでの事務職経験で知りました。創業してからは、そのノウハウを活かし、顧客管理を充実させた店舗展開をしていきたいと思っています」

といった回答をするようにします。さらに、

「どんな店舗展開を考えていますか？」

と聞かれれば、

「1店目は現状の顧客ニーズに沿った店舗をオープンし、軌道に乗った暁には2店目でもっとも顧客ニーズの高い商品に特化した『個店』として出店したいと思っています。ですので、同じ店を多店舗化する方向は、いまは考えていません」

といったふうに説明します。それは、「創業計画書に書いたことにストーリーの〝断絶〟があったら、そこを担当者が質問しやすいようにしておく」ということ、つまり、その断絶を埋める答えをパートナーと一緒に考えるということです。要するに、担当者に「そういうことだったのか」と思ってもらうことが大切なのです。

●資料は原本が基本

面談に持参する資料は謄本、契約書、証明書などさまざまな帳票で、それらの**原本を用意**しておくことが基本です。そして、こちらから丸ごと差し出すのではなく、融資担当者から要望があった際に提示して、**必要があるものについては担当者にコピーしてもらう**ようにします。これもパートナーと事前に練習しておいたほうがよいでしょう。

分厚い資料の束をまとめて差し出しても、担当者は的を射たものではないと困ってしまいます。

かえって「用意がよすぎる⁉」と怪しむケースもあります。

●経営者の略歴では失敗したことも重要なポイント？

経営者の略歴に関して、店舗をたたんだことや事業に失敗したこと、リストラされたことなどを記入するケースと記入しないケースがあります。どちらにせよ、面談で質問された場合には正しく答えることです。

「正しく」というのは「他責にせず、自分のことと捉え、失敗から学んだことを端的に示す」ということです。それが次の事業の成功確率を高める教訓になっていることもあるでしょう。そうであれば、そのことを面談時の質問に対する回答としてアピールするのです。

そういった質疑応答が面談でスムーズにできるように、**面談前には自分の経歴の〝たな卸し〟**をしておくことをお勧めします。その略歴のなかから、創業融資を受けるために意義のあるものをピックアップしておくのです。その際に本書のダウンロード特典である「セルフ・チェックシート」を利用してもよいでしょう。

余談ですが、経歴をたな卸しする際に注意したいのは、**自分の経歴に酔わない**ことです。自信があって酔う人は、初心を忘れた不遜な態度のままで面談に向かいます。逆に自信がなくて弱気になってしまう人は、面談の場でも〝自分探し〟にはまってしまう傾向があり、なかには、

「私は結局、何をしたらよいのでしょう?」

とパートナーも困り果てる状況になる人もいます。担当者としては、

「すみませんが、出直してください」

としか言えないような面談になりかねないこともあります。

●自己資金の出所は必ず、突っ込まれる

面談で必ずといってよいほど突っ込まれるのは**自己資金の出所**です。それだけに、パートナーとロールプレイングするときも、しっかりと練習したほうがよいでしょう。

たとえば、退職金が自己資金の原資なら、

「この自己資金は、どう用意されたのですか?」

「前職の退職金から工面しました」

「退職金の明細なり源泉徴収票は手元にありますか」

といった問答になるでしょう。

給料をコツコツと貯めたのなら、

「給与明細や源泉徴収票を見せてください」

「若い頃からの資料をぜんぶ保管しているわけではありませんが、コツコツと貯めた通帳の原本を

持ってきました」

といった問答になります。

もし、親が援助してくれたなら、

「それは贈与ですか。それとも出資か借入ですか？」

「贈与なら贈与契約書が必要です。贈与税の申告や納税が必要になるケースもありますので、それを確認できる資料はありますか？」

「出資なら議決権の有無が確認できる書類が必要です。借入なら借用書、金銭消費貸借契約書などが必要です」

……このような問答が続きます。これを乗りきるためには事前の資料の用意が欠かせません。だからこそ、数多くの申請経験を重ねたパートナーの存在が重要になってくるわけです。

04 自身のビジネスモデルをお金の流れで整理する

●端的に図示した資料を1~2枚、添付する

自分の創業する事業のモデルを、どう説明するか。本書で解説している創業計画書では、「創業の動機」「取扱商品・サービス」「取引先・取引関係等」の欄で表現していくことになります。もし、この部分だけでは表現しにくい場合のほか、融資担当者に「意図をくみ取ってもらいにくいかもしれない」と思う場合は、自分の事業をビジネスモデルとして別の用紙に表現してみてもよいでしょう。

これは、担当者に説明するためという目的とともに、自分の創業するビジネスについて、創業計画書を提出する段階で整理する意図もあります。整理するのですから、A4用紙数十枚にわたるような大がかりなものであってはいけません。むしろ、**1~2枚に簡潔にまとめる**という気持ちが大切です。

それができなければ、そのビジネスはたとえ創業融資を受けられたとしても、市場や消費者には伝わりにくいビジネスになってしまうかもしれません。できるだけ簡素に表現することを旨として作成しましょう。

●お金の流れがすっきりわかることが大切

では、ビジネスモデルを示す場合に押さえておきたいポイントを挙げていきます。

- ・誰が顧客であるのか
- ・どんな価格の商品・サービスなのか
- ・販路はどのようになっているか
- ・収益はどのように入るのか
- ・そのビジネスモデルを成り立たせるために必要なものは何か
- ・実際の製作や販売活動とそれに付随する販促活動は何か
- ・提携や協力をしてくれる業者、人はどんな業者・人か
- ・収益を生む段階で、コストはどのようになっているか

そのポイントを踏まえたものを**次ページ図**に一例として示しておきましょう。これは弁当販売店をめぐる基本的なビジネスモデルです。この1枚の図のうち、自分の事業が弁当販売店そのものな

ビジネスモデルの典型例

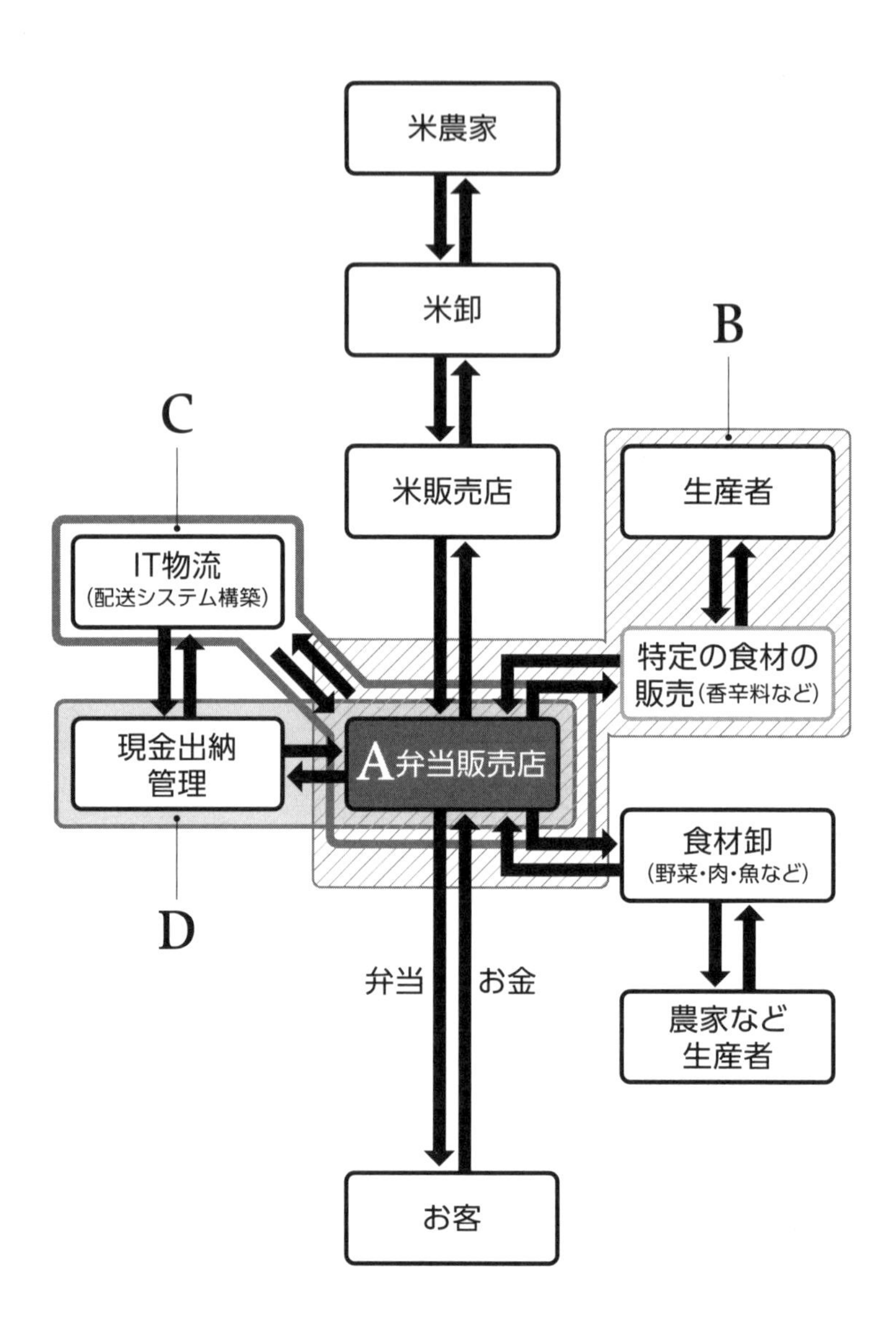

ら、**図のA**を中心に前述の項目を踏まえて表現していくことになります。

ビジネスとしては、弁当販売店に特定の食材を提供する食材の流通ビジネスもあれば（**図のBの枠**）、複数の移動店舗型の弁当販売店に常に最適なルートを提供するIT物流的なビジネスもあり（**図のCの枠**）、弁当販売店に特化した現金出納システムの販売（**図のDの枠**）など、弁当販売店のビジネスモデル一つを取り上げても、それは無数の小さなビジネスの集合体から成り立っていることがわかります。

この場合、

・**自分の業界や業種の全体構造**がどんなしくみになっているか
・そのなかで、**自分の会社**がどんなビジネスを行っていくか

という2枚のモデル図があるとわかりやすいでしょう。

自社の事業として、どの部分を担うのか、それが明確になれば自分自身がめざしているものが明確になり、融資担当者にも、**その事業のキャッシュポイント（収益源）**が、言葉や文字で説明するより明確に示せるようになります。

「その事業で稼ぐことができるか、創業融資を実行しても返済することができるか」の判断もよりつきやすくなるのです。

05 会社の強みを納得させるUSPと4P分析

●実績を明確に示すことが第一

自社の強み、事業の強みをどのように表現し、どのように納得してもらうか。端的な方法としては「実績を示すこと」です。

融資担当者は明言こそしないでしょうが、創業融資の申込者が本業で上げてきた実績はもちろんのこと、副業で実績を上げてきたことも歓迎するはずです。まったくの異業種に進出する場合は、返済の確かさにおいて不透明な面はありますが、これまでの実績は返済をより確かなものにしてくれるからです。

「取扱商品・サービス」の欄（**90～91ページ図参照**）でもとくに機器のメンテナンスやアプリ開発などでは**これまで副業でやってきた実績**をアピールするのもよいでしょう。

「取引先・取引関係等」の欄（**105ページ図参照**）でも同様です。従来の取引関係で継続できるところがあれば、積極的にその旨を書いておきます。

とくに「取扱商品・サービス」欄のセールスポイントでは、「これまで、副業で毎月〇〇万円の副収入を得ていたビジネスを、独立した自分のビジネスとして発展・進化させていく」など、これまでの実績を踏まえた表現で積極的に示しておくことが有効です。

前述したように、前職の社員をたくさん引き抜いたり、主要取引先を奪ったりすることを除けば、「副業で実績を上げてきたなんて表現してもいいの？　勤めていた会社にバレたらマズイかも」などと心配する必要はありません。

●自社の強みを示すUSP

自社の強みがどこにあるのかを追求する手法として、「**USP**」と「**競合分析**」の手法について触れておきましょう。

USPとは「ユニーク・セリング・プロポジション」のことです（**次ページ図**）。

- **U＝ユニーク→独自性→特徴**
- **S＝セリング→売り→強み**
- **P＝プロポジション→提案・提供すること→メリットや利点**

すなわち、「自分や自社の独自の特徴や強みを相手のメリットとして提供すること」といえるで

USPとは?

自分や自社の独自の特徴や強みを相手のメリットとして提供すること

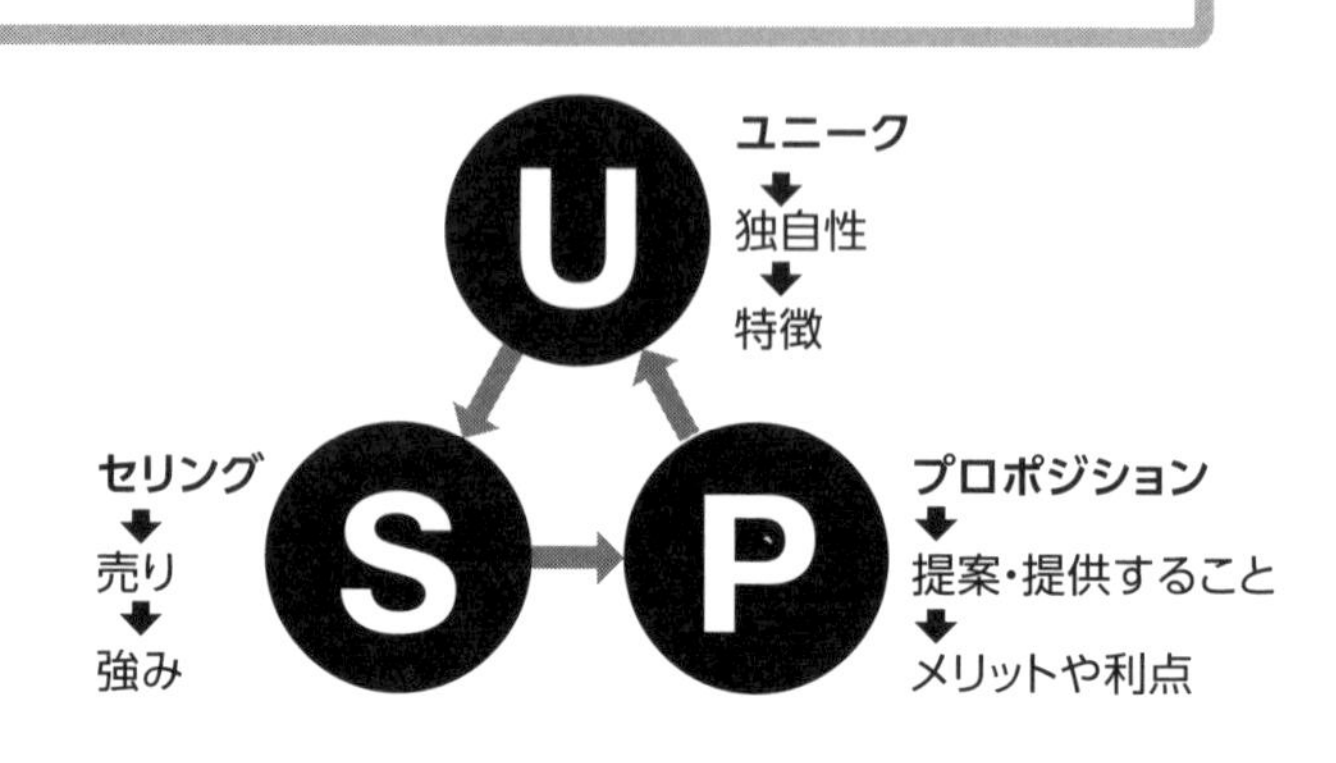

しょう。よく知られているのが、ドミノピザのUSPで、

「熱々なできたてのピザをお宅まで30分以内にお届けします。間に合わなければ、代金はいただきません」

というものがあります。このUSPは、

Ⓤこのドミノピザという商品には、熱々でできたてという特徴や強みがあります

←

Ⓢそれを、注文して30分以内に届けてもらえるというメリットを得ることができます

←

Ⓟもし、そのメリットが享受できなければ、お代はナシでOKです

ということを端的に述べています。

同様に、あなた自身も自社の商品・サービス

のＵＳＰを考え、明快な言葉で創業計画書の「セールスポイント」欄に記入してみることをお勧めします。

●４Ｐ分析で競合の状況を把握しておくことも重要

一方の競合分析についてはさまざまな手法がありますが、ここでは簡易な**４Ｐ分析**、**４Ｃ分析**を紹介しておきましょう。

４Ｐとは、売り手側から見た強みと弱みの比較です。

- **Product＝製品の持つ品質やデザイン、ブランド力の強みなど**
- **Price＝価格や割引設定のしかた、ポイント付与のしくみなど**
- **Place＝場所、すなわち販売チャネルや品揃え、在庫のあり方など**
- **Promotion＝販促の手法や広告・チラシの打ち方、自社サイトの運営法など**

自社と競合他社についてのこれらの分析を行い、**次ページ上図**のような表をつくってみるのです。

●４Ｃ分析はどのように？

一方の４Ｃ分析は、買い手側から見た強みと弱みの比較です。

4Pの分析表

4P	具体的な分析ポイント
Product	製品の持つ品質やデザイン、ブランド力の強みなど
Price	価格や割引設定のしかた、ポイント付与のしくみなど
Place	場所、すなわち販売チャネルや品揃え、在庫のあり方など
Promotion	販促の手法や広告・チラシの打ち方、自社サイトの運営法など

4Cの分析表

4C	具体的な分析ポイント
Consumer	消費者のニーズを捉えているか、それを捉えた打ち出しをしているか
Cost	価格設定、商品・サービスの享受までの物流などの付加コスト、時間的なコストなど
Convenience	決済手法や返品対応を含めた利便性など
Communication	売り込む一方ではなく、認知度・共感を高める手法など

4P・4Cのマトリクス

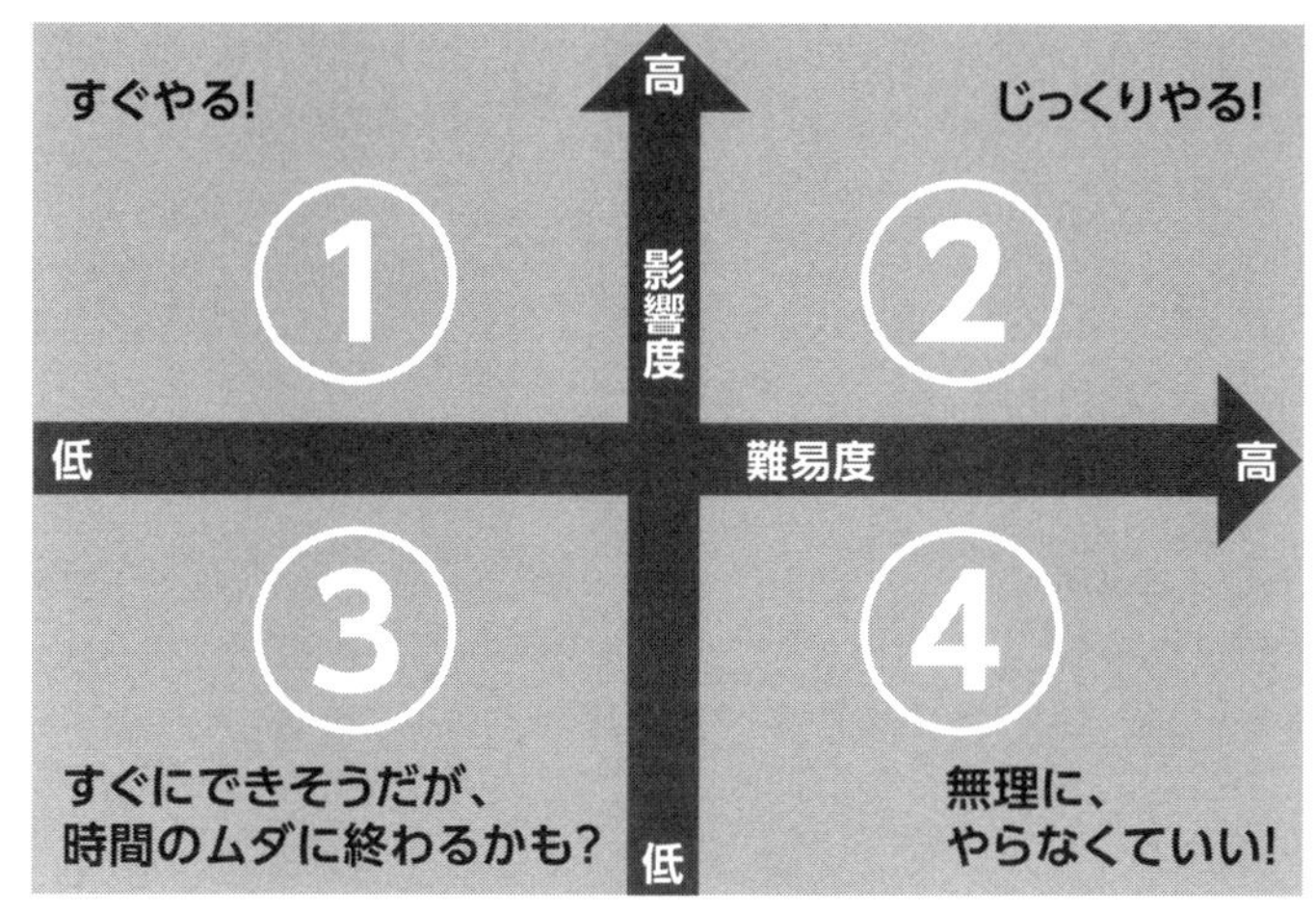

①→④着手する順番

・Consumer＝消費者のニーズを捉えているか、それを捉えた打ち出しをしているか
・Cost＝価格設定、商品・サービスの享受までの物流などの付加コスト、時間的なコストなど
・Convenience＝決済手法や返品対応を含めた利便性など
・Communication＝売り込む一方ではなく、認知度・共感を高める手法など

自社と競合他社についてこれらの分析を行い、同様に**右ページ下図**のような表にまとめます。

●着手する順番を決める

さらに、自社の4P・4C分析について、解決できそうな程度や解決できたときの売上に対する貢献度を確認し、どの課題から着手したらよいかを考えます。

一般的には**前ページ図**のようなマトリクスに落とし込み、「解決が容易で、影響が高い」ものから取り組んでいくとよいでしょう。

なお、このような分析手法をとった結果を創業計画書に添付して示す必要はありません。しかし、創業前からこのような分析手法、いわゆるフレームワークに馴染んでおくと、自社の売上が伸び悩んだときや事業の改善が必要になったときなどに、課題を見つけ出して解決の糸口を見つけるために役立ちます。

伸びる会社の経営者には、こうしたフレームワークを自分の頭のなかで自然と行うことができている人が多いものです。

06

成長モデルに説得力を持たせるために根拠を数字で明確にしておこう

●「事業の見通し」の「計算根拠」の精度を上げる

成長モデルというと、経済学者のラムゼーやソローの経済成長理論のように、むずかしい方程式を駆使したモデルを思い浮かべる人がいるかもしれません。もちろん、そうしたモデルを使って、自分の会社そのものと会社をめぐる経済環境を考察することには大きな意義があります。

たとえば、経済学者のラリー・グレーナーは企業の成長には、①新しい組織ができる→②部分最適化と大企業病や過去の成功体験への囚われが起きる→③現場に近いマネジャー（リーダー）とマネジメント層（経営者自身）の間で主導権争いが起きる→④家業から企業に完全脱皮する→⑤企業としてゼロからイチをつくりだす、のように5段階があるとしています。そのなかで、自社はいまどの段階にあり、今後どんなことが起こるかを予測し続けることは、創業後の大切なテーマの一つといえるでしょう。

また、どの段階にあっても、**「起こり得るリスク」を想定しておく**ことは、創業する人にとって大事なポイントです。想定しているリスクを的確に示すことが、ビジネスの成長性を他の人に説明する際の説得のポイントかもしれません。

ただし、そうした考察はここではいくぶん縁遠いところがあるでしょう。

そこで、創業融資を受ける事業家として、自分の創業計画が軌道に乗り、数年先の事業計画としてどのように発展させていけばよいかに焦点を合わせて考えてみることにします。

その点で重要なのは、創業計画書の「事業の見通し」の欄（**123ページ図参照**）です。とくに、その右欄の「売上高、売上原価（仕入高）、経費を計算された根拠」を示す部分です。この部分について、全体との整合性がとれているかをいま一度、確認しておきましょう。

●〝無理め〟の予測はないか

よく起こしがちなミスは、軌道に乗った時点で創業計画書の「取扱商品・サービス」欄に示した内容と趣の異なるビジネスの売上の見込みを加算しているケースです。たとえば、自社アプリの開発を主な事業とするはずのＩＴ会社の創業で、「軌道に乗った頃には、大手のアプリの受託開発の案件も可能なはずだ」と見込み、「取扱商品・サービス」欄では触れていない、現状ではアプローチすらしていない大手からの受託開発という取扱商品・サービスで大きな売上の予測数

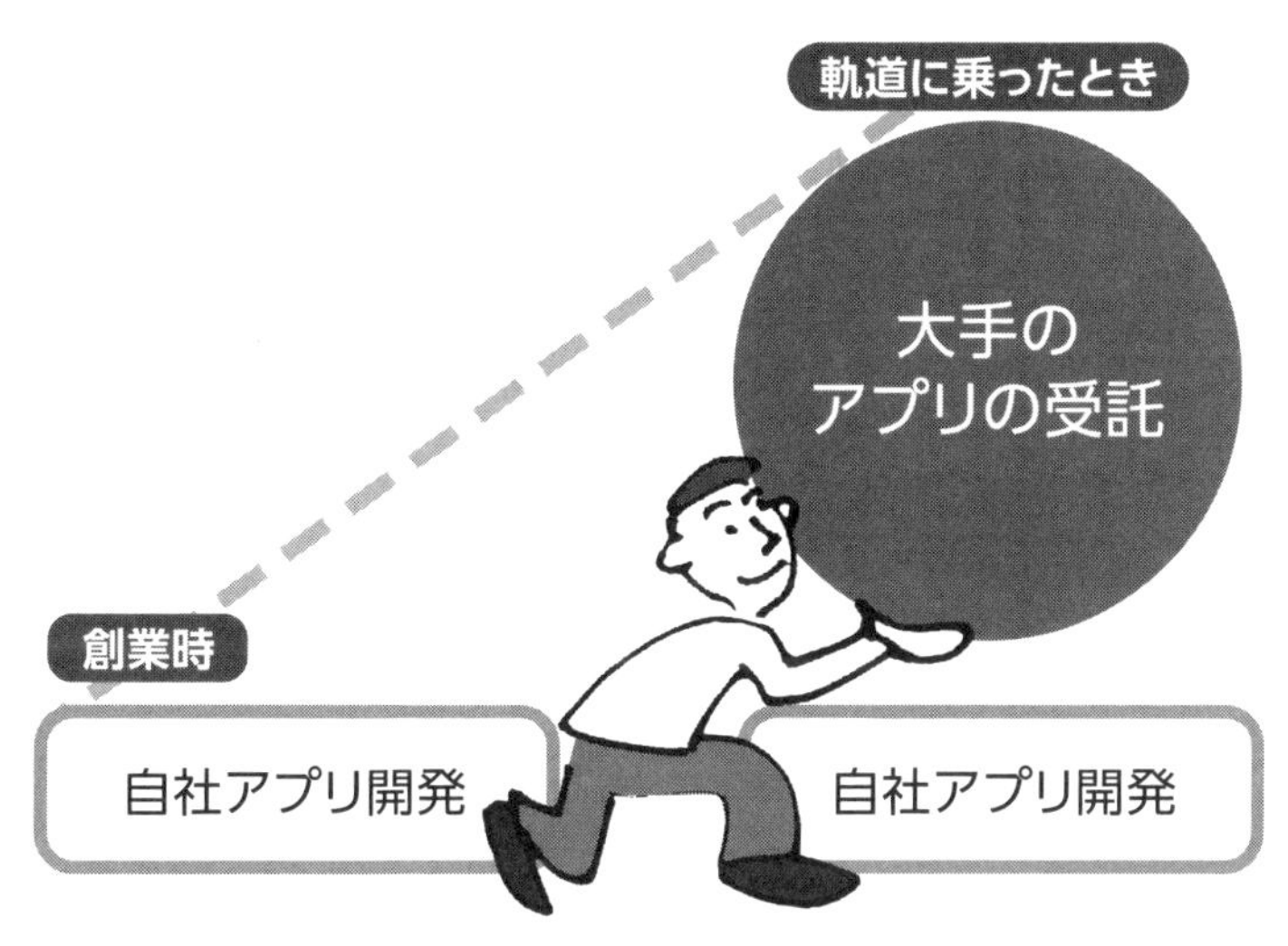

値を計上してしまうことなどです。

そのほかにも、労働集約型の業種の創業で、軌道に乗った頃には「何人もの従業員を雇っている」と安易に見込み、その人件費を計上する一方で、増えるであろう従業員数を基準に売上を予測するといったこともあったりします。

●あくまで創業計画書を「手堅いもの」と感じてもらう

重要なのは、自分自身が「軌道に乗った」と思う時点は、あくまで創業計画書を基盤に、その延長線上ではじき出した数字であること。加えて、それを実現するのも容易ではなく、「**絶対に軌道に乗せる！**」という強い意欲を持ち続けることです。

仮に、融資担当者に「この創業計画書どおり

に会社が伸びていくと思いますか」と聞いてみたとすれば、

「そう簡単にはいかないでしょう」

「そんなことは、何ともいえない」

と答えるのが普通でしょう。「何ともいえない」からこそ、面談で計画書の数字の根拠を求めながら、少しでも成功・成長の根拠を確かめていると考えることもできます。

面談での重要なポイントは、**なぜ、その数字（金額）をはじき出したのか**を明確に答えることであり、創業の経緯や事業の夢を好き勝手に語ることではありません。だからこそ、担当者は「数字の根拠」について、端的に、明快に質問してくるのです。その質問に端的に、明快に答える（答えられる）ことが何よりも大切だと心得ておきましょう。

●起業環境の整ったいまこそ、着実な事業運営を！

ひと昔前とは異なり、今日、会社はつくりやすくなった、低金利が続いている、スモールビジネスや産直ビジネス、社会起業などに目を向ける人も増えてきたなど、起業を取り巻く環境は整ってきており、いわゆる〝小さく産んで着実に育てていく〟こともできやすくなっています。

そのような環境のなか、巻末に示した創業計画書の例のように、創業当初は赤字でも、「半年後、1年後には月に30万円、50万円レベルの黒字を着実に出せるようになっている」という見通しがつきます。

「事業としては額が小さいのではないか？」と考える人がいるかもしれません。しかし、これが小さなビジネスの起業・創業の現実であり、この見込み数字を実現するだけでも相当な意欲と努力が必要となってきます。

見込み・見通し・予測の実現のために大切なのは、**創業計画書にまとめたことは、着実にぜんぶやる**ということです。市場調査なども、外部のマーケティング機関に任せっきりにするだけではなく、自分の足で回って調べてみる必要があるでしょう。もちろん創業前に実施したリサーチを創業後に続けることも大切です。

取引先の新規開拓は重要ですが、創業計画書に載せた取引先を深耕し、その取引先のなかでの自社のシェアを拡大していくことも、とくに創業後しばらくは重要となります。

そのような創業計画書に沿った事業運営を着実に進めていくことによって、初めて自分の会社を成長軌道に乗せることができるのです。

たとえば、創業後の経営改善に関わる融資、雇用の維持・拡大に関わる融資では、融資の実行後、経営改善や雇用の維持・拡大が実現できているかなどについて融資した金融機関への報告が求められます。この報告書の意図にも、**計画書に沿った事業運営を着実に進めていくことこそが、自分の会社を成長軌道に乗せることにつながる**という考えが如実に表れています。

07 人員計画を大きな融資希望額の説得材料として使う

●雇用の創出は社会的な要請でもある

たとえば、日本政策金融公庫の創業計画書で**人員計画**について記入する欄は、単に創業時の役員や従業員の数を記入する部分があるだけです。そのため安易に考えてしまう人もいますが、創業後の経営は人によって成長の度合いが変わる面も多々あります。

本気で雇用確保に取り組み、その実現性が高い事業であれば、積極的に人員計画について触れておくべきです。それが、雇用の創出という社会的要請に応えることにもつながります。

「1年後、2年後には正社員を5人体制にして2店舗目を出店し、それぞれの店舗の特性に応じたパート・アルバイトの採用を重ねていく」

「創業後半年をメドに事業を軌道に乗せ、レンタルオフィスから独立した事務所を構える。その際に事務スタッフを増員し、顧客管理の精度を高めていく」

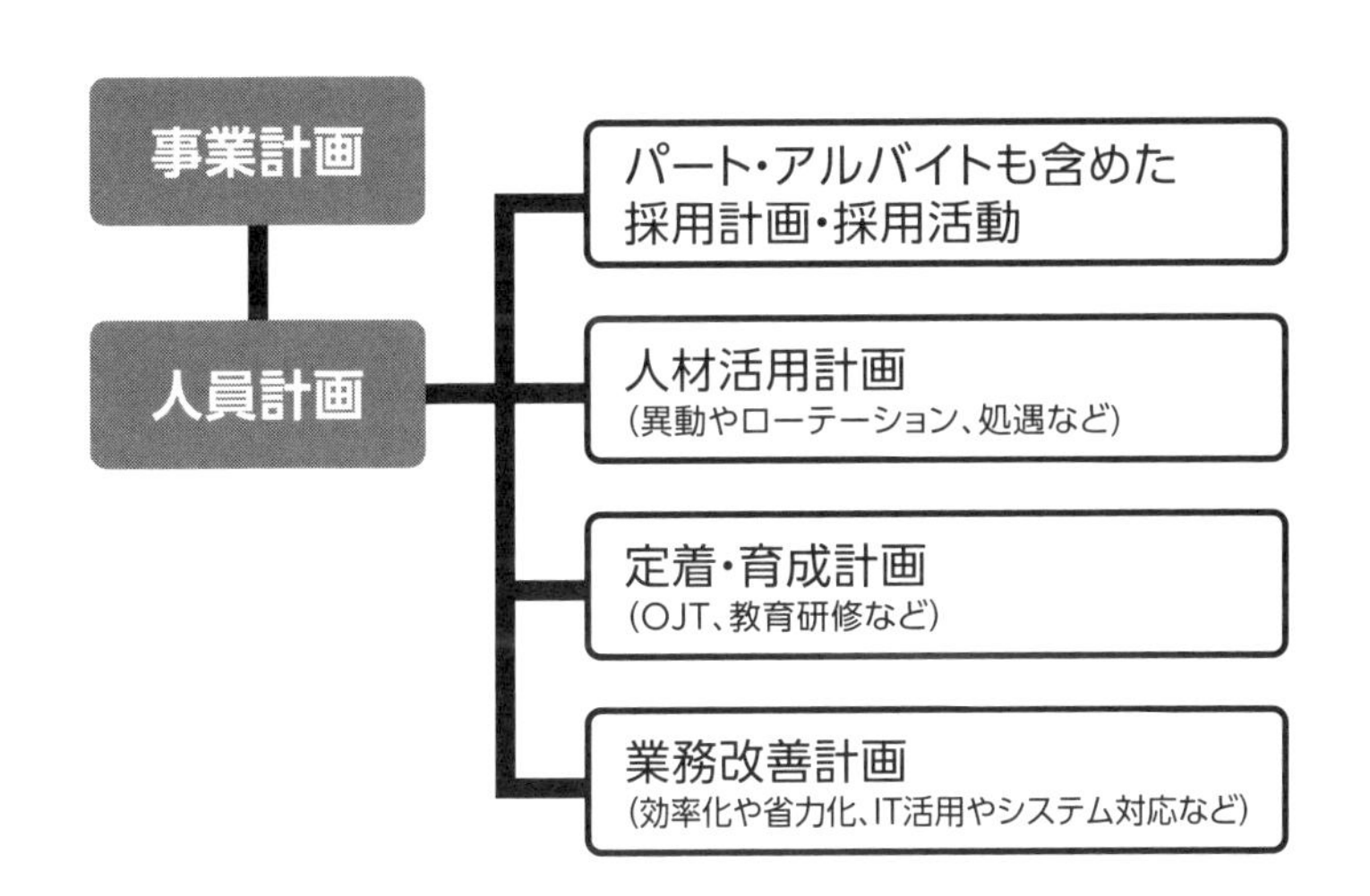

など、自分自身で構想していることがあれば、それを面談の場でアピールするのです。

なお、人員計画は本来、**上図**のように採用から教育など人員という経営資源全般に関わるものです。決して人員とお金の〝数字合わせ〟で予定が立つものではありません。それぞれの計画についてどのように進めていくか、あわせて考えておきたいものです。

●助成金の受給も高評価につながる

個人事業をすでに始めていて、パートなど数名の人員を雇っていたり、そうした予定で厚生労働省が管轄する雇用関係の助成金の申請をすませている企業もあるはずです。そうであれば、そのことを積極的にアピールしましょう。

そうすることで担当者から、

「事業は創業者一人では伸ばせないことをよく知っている人」
「助成金の受給要件をクリアしている企業」
「人員コストの増加を助成金で補っている堅実な企業」
などと高評価を得ることもできるでしょう。

なお、創業融資は一回受けてしまうと2回目はなく、2回目からは別の名目の融資か一般的な融資を受けることになります。そう考えると、条件のよい創業融資はできるだけ大きな額の融資を受けたほうがよいという考え方もあります。融資担当者も、「小さすぎる状態で少額で始めるくらいなら、スタート時点から一定の額を借りて少しでも早く軌道に乗せてもらったほうがありがたい」と考えるはずです。

そのできるだけ**大きな額を借りる根拠となるのが「人員計画」**です。「自分の役員報酬をたくさん得たい」というのでは筋は通りませんが、予定している確実な人員増に見合う運転資金の増加であれば、創業計画書全体の整合性もあり、説得力が増します。

なお、前述したように、人員計画について代表者の家族を役員や従業員に据えることは歓迎されないことが多いものです。理由は単純で、配偶者や家族には別の仕事に就いていてもらっていたほうが家計的には安定し、リスクの分散という面から考えると、とくに創業時はそのほうが望ましいからです。

08 店舗や商品の写真は嘘をつかない説得材料

●店舗の立地条件のメリットを伝えるには？

融資担当者は、面談を通じた書類審査をしているだけでもなければ、稟議書を上司に上げるだけの仕事をしているわけでもありません。前述したように、より納得性の高い稟議書にするため、創業計画書に書かれた店舗の立地を見に行くこともあります。ですから当然ですが、創業融資の申請をする場合は、できるだけ立地を確定させてから申請すべきで、その立地について、過大表現や誇張も要注意です。

店舗の所在地・立地条件を創業計画書に示すと、融資担当者はその立地の商圏としてのメリット・デメリットについて質問するでしょう。その答えが的確なものかどうかを、実際に足を運んで確認しているともいえます。

自分が創業する店舗がニーズをしっかり捉えているのであれば、それを裏づける資料などで、補

融資担当者は店舗を見に来る

- 立地はよいか?
- 入りやすいか?
- 人通りはあるか?
- 内装費は いくらくらい かかりそうか?

Vichy Deal / Shutterstock.com

完して説明します。

面談までの期間があれば、その地を通行している人のリサーチもできるでしょう。

●添付資料として重要な写真

個別事例になりますが、飲食店をスタートするなら、その立地の前で弁当を販売し、繁盛している様子を写真に収め、それを添付書類として提示することもできます。これで、担当者は客層と飲食店が合致しているかなどを判断できます。

写真は嘘をつきません。その点で、**写真で示せるものは写真で撮って、添付資料として提出する**のも有効です。

移動販売の様子、店頭でのキャンペーン販売の状況などの写真は、「こうした立地で、このような商品を販売する」ということ、それが「お客さんに評価されているかどうか」を端的に示すことができます。

カレー店を出店するなら、そのカレーの写真を資料に添付します。惣菜に特化した店なら、たくさんの惣菜を扱っている様子もいいでしょう。

資料では味はわかりませんが、その写真が1枚添付されていることで、口頭や文章で説明するより、説得力が圧倒的に高まります。

写真そのものは、特段の意義を満たす必要がない限り、プロのカメラマンに頼まなくてもスマートフォンで十分なケースがほとんどです。

A4で1枚の用紙にそうした写真をいくつか載せておけば、融資担当者が稟議書の添付書類とするのにも使いやすいでしょう。

09

初期コストやランニングコストをうまく説明するための資金繰り表

●資金繰り表をつくってみる

コストを見込んで予測される経営状況を説明するには、損益計算書や貸借対照表とともに、資金繰り表が欠かせません。面談の際に提出は求められませんが、「きちんと予測を立てている」という姿勢を示すためにも資金繰り表を作成してみてもよいでしょう。

資金繰り表とは、**208~209ページの図**のようなものです。その項目に沿って**先行する3か月分、半年分、1年分のお金の「入と出」をチェックしていく**のです。

何年も継続している企業であれば、資金繰りの推移は概ね予測できます。経理がしっかりしている会社なら、月次で資金繰りを把握し、異常があれば経営陣に報告する——、そのような体制ができ上がっています。

しかし、創業前もしくは創業して間もない会社ではそうもいきません。3か月先行の資金繰り表をつくっても、「当初3か月くらいは入金がない」という予測も十分にあり得ます（そのために運転資金の創業融資を受けているということにもなります）。

●融資されるお金の〝減り具合〟を予測してみる

創業融資を申請する会社にとって、資金繰り表をつくる意図は、まず、自己資金、運転資金として融資されるお金の〝減り具合＝いつ、どこで、どう減るか〟を確認することにあります。頭のなかで予想していたものでも実際に数字で示すと、予測される減り具合の実態が見えてきます。そのうえで、入金を予測していけば、お金の「入と出」の実態がつかめます。

そうすることで、**健全にキャッシュフローが回り始める時期を予測する**こともできるでしょう。そこが「軌道に乗ったとき」と思ってください。

「9か月後に軌道に乗ると判断した根拠は何ですか？」

面談でこんな質問を担当者から受けたときにも、

「実は1年分の資金繰り表をつくってみまして、創業融資が受けられたと仮定すると、その時期にはお金が問題なく回っていることが予測できるからです」

と作成した資金繰り表を示せば、軌道に乗る時期の納得度が高まります。

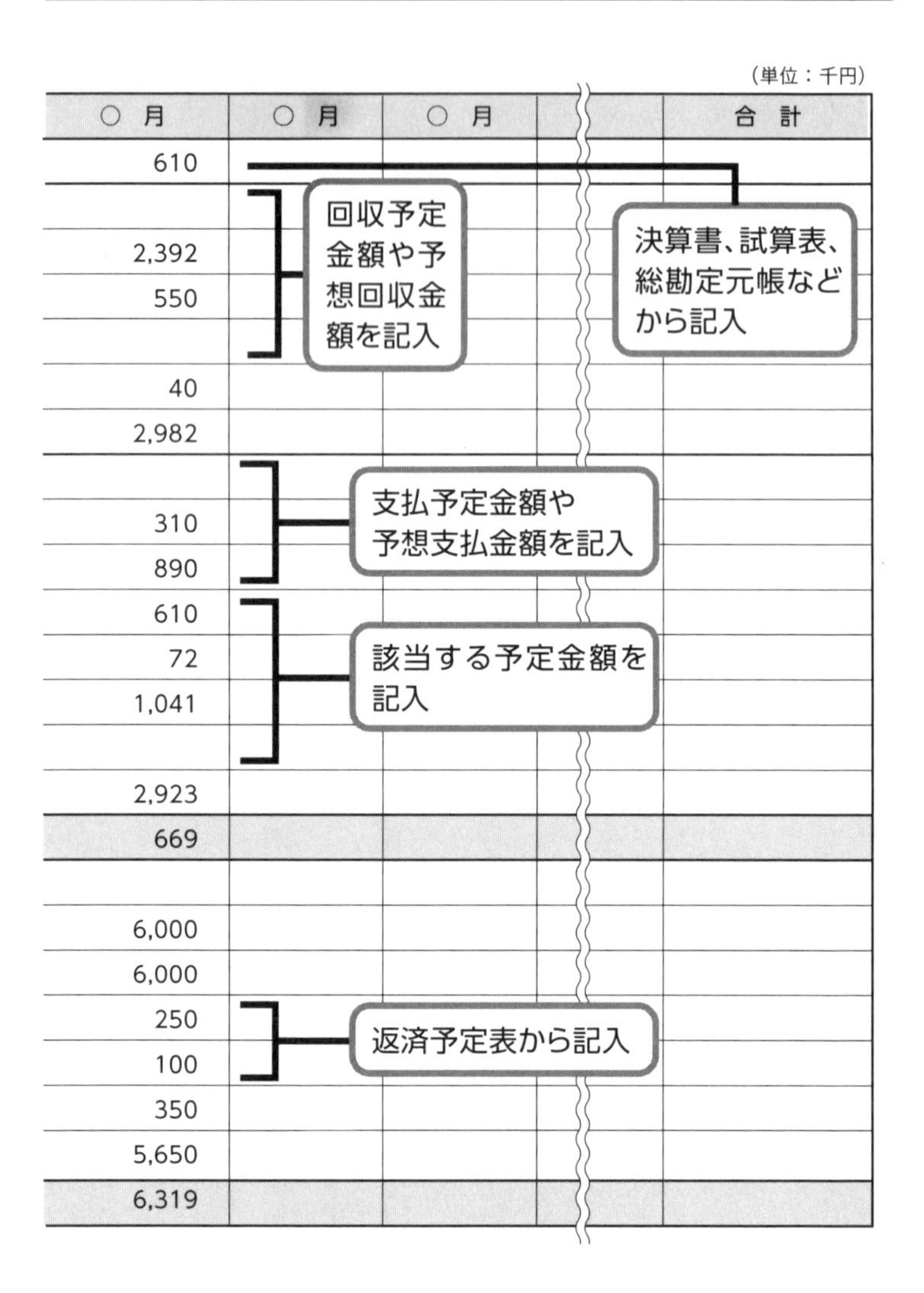

（単位：千円）

○ 月	○ 月	○ 月		合 計
610				
2,392				
550				
40				
2,982				
310				
890				
610				
72				
1,041				
2,923				
669				
6,000				
6,000				
250				
100				
350				
5,650				
6,319				

資金繰り表の例

（自令和　年　月　日　至令和　年　月　日）

前月現金・預金残高(A)			
収入	売上代金	現金売上	
		売掛金現金回収	
		手形期日落	
		クレジットカード入金	
	その他収入		
計(B)			
支出	仕入・外注費	現金仕入	
		買掛金現金支払	
		手形決済	
	経費	賃金給与	
		支払利息・割引料	
		上記以外の経費	
	その他の支出		
計(C)			
差引計(D=A+B-C)			
財務	借入金	短期借入金	
		長期借入金	
		計(E)	
	借入金返済	短期借入金	
		長期借入金	
		計(F)	
計(G=E-F)			
翌月繰越現金・預金(H=D+G)			

●資金繰り表からわかること

このほかにも資金繰り表を作成すると、いろいろなことが見えてきます。

たとえば、部品の販売を売掛金として計上していても、長期の回収条件であった場合は、現金化するのに意外に時間がかかることがわかります。事業を進めていくと、資金状況より損益状況につい目が行きがちですが、資金繰り表を作成することで、どちらもクルマの両輪のように大事であることがよく理解できるようになります。

借入金が売上に計上されないのと同様に返済も費用としては計上されません。そのような現金支出の状況が事業に大きく影響することもよくわかるはずです。

資金繰りは**何よりバランス**が求められます。回収と支払のバランスがとれていて、安定していることが重要なのです。そのためには**運転資金にゆとりを持つ**ことが大切であるということも理解できるでしょう。

第4章

伸びる会社にするためのパートナーのうまい使い方

01 パートナーにしたい税理士やコンサルタントの見つけ方

●インターネットの検索で探すのが手軽

まったく一人で創業計画書を作成し、融資の面談にも対応し、創業融資を実行してもらえる人もいます。しかし、多くの人は創業計画書の作成の段階で、税理士やコンサルタントに相談し、一緒になって創業計画書をつくります。ここでは、そのように**協力してくれる税理士やコンサルタント、また行政書士などを「パートナー」と呼ぶ**ことにします。

具体的には、どんな方法でベストパートナーと呼べる税理士やコンサルタントを見つけたらよいのでしょうか。

まず、おぼろげながらも「独立したい。開業したい。そのために創業融資を受けたい」といった思いが自分なりに固まった段階で、最初の相談をしてみることをお勧めします。これまで懇意にしている税理士やコンサルタントがいればよいのですが、そうした人がいない場合は、**インターネッ**

トで〝創業融資〟〝創業計画書〟〝作成〟などのキーワードで検索して探すのが一番です。

●数軒回って、一番ウマが合う人を選ぶ

税理士やコンサルタントのなかには、創業計画書の作成を通して新規顧客の開拓に結びつけたいという考え方をしている人もいます。そのため、検索でヒットした税理士、コンサルタントでは、初回の相談を無料としているところが多いはずです。

ですから、遠慮する必要はありません。積極的に相談に出向き、相手の税理士やコンサルタントがどんな対応をするのか、反応を見てください。

やけに下手に出る人もいれば、懇切丁寧な人や、高飛車な人もいるはず。専門性にしても、その方面の知識や経験が豊富な人もいれば、実績が少ない税理士、コンサルタントもいるでしょう。実は税理士といっても、得意ジャンルはさまざまで、「メインは相続関係だけど、創業支援も行っている」というタイプの人もいます。

ですから、数軒回って、内容が納得でき、かつ一番ウマが合うと思える人を選べばよいのです。

●できる税理士、コンサルタントは〝日付〟から入る⁉

初回の相談のとき、じっくり相談できればよいのですが、そうとも限りません。そのなかで、

「ちゃんとやってくれそうだ」と思える人は、まず、日付すなわち期限を明示してアドバイスしてくれます。

「○日までに、これをやっておくことが大事です」

といったようにスケジュールを区切ってアドバイスしてくれる税理士やコンサルタントは、**何よりもスピードを重視する**ことの大切さを理解しています。言い換えれば、そのような人は、創業にはスピード感が求められるということを熟知していると思ってよいでしょう。

まず開業日を創業計画書に入れてあなたとパートナー双方がスケジュール感を持ち、次に、必要な資料のリストアップと用意してもらう日付をパートナーが指定し、その日までに創業に向けてやるべきことをリストアップする――。そのように進めれば、順次「**TO DO LIST**」ができ上がっていき、そのうえで、細かな点を相談していくといったイメージです。

●あわただしく感じても相手にペースを合わせよう

「独立しようかどうしようか」と迷っているレベルの人には、こうした仕事の進め方はあわただしく思えるかもしれません。しかし、そのレベルで迷う人は、結局は創業せずに終わるケースが多いものです。

独立して創業する意志の固まっている人は、タイトなスケジュールであっても、ついていこうと

できるパートナーの探し方

めぼしい人（事務所）を3軒くらい訪問

初回は無料のことが多い
できるパートナーは「日付」を区切る

相手のペースについていこうと頑張る

頑張ります。そうしていくうちに、税理士やコンサルタントは自分の味方だという意識も強くなるでしょう。また、信頼できるパートナーであれば、相談者の業種・業態などに不案内な場合には、必死になって勉強するはずです。

日付で期限を設けてTO DO LISTをつくることは、相談者のためであることはもちろん、そのパートナーがスピード感を持って仕事を進めるためでもあるのです。

その信頼関係を築くことができた結果、早い段階で創業融資の申請ができれば、早期に融資が実行されます。

そして、相談者は早い段階で自信と安心に満ちて起業家としてのスタートを切ることができます。

02 パートナーの本気度は姿勢と提案内容で推し量る

●「失敗は許されない」という意識が強いかを感じる

パートナーとなる税理士やコンサルタントを選ぶ基準を一つ挙げるとすれば「あなたのやりたいことを理解してくれる人かどうか」です。これは、実際に会って話してみるしかありません。「理解してくれる」かどうかは、税理士やコンサルタントの「失敗は許されないと思っているかどうか」といった真剣さでも感じることができます。必ず成功させないといけないと思うほど、相談者のことを理解しようと思うもの。創業融資が実行されないと起業できないのですから、税理士やコンサルタントが「必ず成功させないといけない」という覚悟を持って相談に乗っているかどうかを気にしてみてください。

加えて「**事業に付随した提案をしてくれるかどうか**」も選択基準の一つとしてあるでしょう。たとえば、

やりたいことを理解してくれるパートナーとは?

- ▶ヒアリングのあとに、パートナーとしての提案がある
- ▶視野が狭くなりがちな創業者の目先を変えてくれる
- ▶顧問など、継続取引をしたいと思える

「地域の特性を活かした産品の販売なら、ネット通販も加えてみてはどうでしょうか」

「整骨院なら〝出張整体〟もあり得ますね。市民マラソンのゴールのところで、完走した市民ランナーをその場で揉んであげる。許認可の手続きなら、こちらで調べておきますよ」

「完成品の売り切りだと商売の波が大きいので、消耗品を継続的に提供することを加えてみてはどうでしょう」

といった提案です。

●目先を変えてもらう効果

あなたのやりたいことを理解してもらい、提案してもらう――。これは、とかく創業のことで頭がいっぱいになった自分の目先を変える効果があります。

頼む側からすると、「創業融資に関することだけ」を頼むケースもあれば、「創業後」も継続依頼するケースもあるでしょう。

頼まれる側からすると、税理士の場合は、記帳業務から決算、税務調査の立ち会いなど、本音としては継続した依頼を求めています。行政書士の場合も事情は似ていて、創業後も各種の行政手続きの依頼を受けたいと考えています。税務をやらないコンサルタントでも、経営・組織を変革していく際に最適な方法を提案できる体制をとっておきたいと考えるのです。

創業して順調に事業が進めば、必ずといってよいほど「人の問題」が出てきます。採用がうまくいかない、育てようと思ってもすぐ退職するなどの問題です。ここには社会保険労務士が関わる面もあるでしょう。

誰に何をどう依頼するかは、頼む側に委ねられているので自由ですが、頼まれる側からしてみれば皆、継続した依頼を求めているものです。そして、創業した企業が大きくなれば、パートナーとしても収益が拡大する。それが望ましい取引関係なのです。

そう考えると、頼む側としては単発での依頼か継続した依頼か、自分と自社の今後を見通しつつ、何がよいかを初めから考え、パートナーを選択することをお勧めします。

03 融資を引き出すためのパートナーへの最適な頼み方

●適任と判断する明確な基準はないが、頼み方の善し悪しはある

「パートナーとしての適任者は誰だろう？」とインターネットで探していると、「創業融資はお任せください！」とキャッチコピーを掲げた税理士、コンサルタント、行政書士が何人も出てきます。それらの〝専門家〟に本当に適任の人もいれば、そうとはいえない人もいます。

確かに、「創業融資実績１００件以上なら合格」とか「90％以上の成功率なら安心」などと一概に明言できるものではありません。ただし、創業後も長く付き合うパートナーとして考えると、頼み方として次のことに留意しておくべきでしょう。

●すべて書いてもらう頼み方はやめたほうがよい

創業計画書のすべてを税理士やコンサルタントが記入し、「あとは、これで面談に臨んでくださ

い」とだけ伝えるような人がいます。そのような税理士やコンサルタントは避けたほうがよいでしょう。昨今では、面識もないままインターネットですべて片づけてしまう税理士やコンサルタントもいますし、そうしたことができる相談サイトもあります。それも避けるべきです。

なぜなら、それで創業融資が実行されればいいのですが、うまくいかないケースも多々あり、その場合のフォローなども曖昧な点が多いからです。無料の相談サイトの場合、それを使って創業計画書を作成・申請して融資が実行されなくても、その責任はとってもらえません（相手は責任をとる立場でもありません）。

ですから、丸ごと請け負ってもらうようなことはせず、**協力して創業計画書を作成でき、融資が実行されない確率を少しでも減らす努力をしてくれるような税理士やコンサルタント**のほうが安心です。

実際に、協力や努力を惜しまないタイプの業務を行っている税理士やコンサルタントに話を聞くと、「ウチの事務所はクライアントさんから創業する事業内容などをヒアリングしているだけですよ」という声も聞かれます。このヒアリングにも善し悪しがあり、ふさわしいパートナーは「創業融資を引き出すため」という観点から的を外さないヒアリングをしています。

創業時の会社設立手続きや資料を用意すれば事足りる許認可申請などであれば、書類の不備でもない限りまず受理されますが、創業融資の場合はそうではありません。申請する側が大丈夫と思っ

できるパートナーへの頼み方

point 1

「やりたいこと」を一つに絞ってから頼む

point 2

絞ったうえで、その展開を一緒に考えてもらう

point 3

融資が受けられない確率を引き下げることを一緒に考える

ても、融資が実行されなかったり減額されたりすることがあるのです。そのような申請と受理の性質を理解したうえで税理士やコンサルタントに依頼することが大切です。

●構想段階から相談する場合は、「やりたいこと」を一つに絞る

「独立して小さなビジネスを始めたい。創業計画書づくりの前、創業の構想段階から相談できるパートナーがほしい」という人もいます。これに関しては、まず、**自分の力でやりたいことを一つに絞る**ことが大切です。

冷たいもの言いのようですが、「誰も、あなたの〝自分探し〟に付き合っている時間はない」と考えるべきでしょう。創業に関しては、「やりたいビジネスがあり、そのためには融資

が必要で、できる限り確実に融資が受けられるようにしたい。そのために手助けしてほしい」というのが考え方の筋道です。

実は、これには別の意味合いがあります。自分のやることを一つに絞れば結果として事業がうまくいかなかった場合でも、**何が、なぜ失敗したのかがわかる**のです。ビジネスは一つのことを始めて、それで終わりではありません。成功する確信があるからこそ始めるのですが、失敗することもあり得ます。スタート時の事業を一つに絞っておけば、その失敗に関する教訓も導き出しやすいはずです。また、そうすることで同じ轍を踏むことなく次にチャレンジできるようになります。

もし、三つや五つの異なる事業を同時並行でスタートすれば、「どれが、どこで、なぜ失敗したのか」が不鮮明になります。失敗の要因に対する思い込みが入る余地も高まり、失敗が連鎖して自分がスタートした事業が全滅することも起こり得ます。

時折、創業計画書の内容でも、たとえば「ゆくゆくは複数の事業を有機的に融合させ、ワンストップサービスとして10店舗に拡大したい」など、3年後の融資の申請に書くべき内容にまで踏み込んでいるケースがあります。意気込みは評価できますが、融資する側には「うまくいかなかったら、融資も丸ごと焦げつきますよね」と判断されてもしかたありません。

04 融資の面談時は、パートナーに同席してもらうべき？

●同席してもらうかどうかは融資担当者次第

創業融資を受ける場合、たいていは、予約を入れたうえで金融機関に出向き、面談を受けないといけません。そのとき創業融資を受ける人だけで出向いたほうがいいのか、それとも創業計画書づくりを一緒にやったパートナーに同席してもらったほうがいいのか。

このことについては第2章でも軽く触れましたが、あらためて考えてみましょう。

本来は、創業融資を受ける人、すなわち自分一人なら自分一人で、共同で経営する人がいるならその人と行くべきです。しかし、創業計画書づくりに関わったパートナーに同席してもらうことが多いのも事実です。「私は一緒に行くことにしています」というパートナーもいますし、「面談の同行は私のすべき業務ではない」と考えるパートナーもいます。また、「一緒に来てもらって、いっこうにかまいません」という融資担当者もいますし、逆に、申請者の本音が聞き出しにくいので、同席者がいることを歓迎しない融資担当者もいるようです。

このように、同席するパートナーがよいパートナーで、同席しないパートナーがよくないパートナーだとは一概にはいえません。実情としては、「状況に応じて臨機応変に対応することがよい」ということになります。

●面談練習を徹底して行ってくれる人か?

パートナーに同席してもらうかどうかにかかわらず、面談にあたっては事前に面談の練習、ロールプレイングをすることをお勧めします。パートナー選びの観点からは、

「一人で行かれるなら、しっかり面談の練習をしておきましょう」

とアドバイスしてくれる税理士やコンサルタントが「頼れるパートナー」ということです。

一人で行くと、創業計画書について伝え漏らすこともあれば、伝えなくてもよいことを語り始めることもあります。そういったことを避けるには、同席してもらうのが一番なのですが、同席する場合でも、「**しっかり練習してから面談に行きましょう**」とアドバイスできるパートナーがお勧めです。そして、面談の事前練習では、**パートナーに融資担当者役になってもらう**のです。

実際の面談の雰囲気は、担当者によってずいぶん異なります。ほとんどの担当者が創業計画書の内容を確認する、いわば〝普通の面談〟ですが、詰問モードの担当者もいます。一方、資産や返済

面談は実践形式で!

〝厳しめ〟の質問を乗り越えることが大切

「多くの人に幸せになってもらいたい」って、それをこの事業で実現できますか?

一人で始めて人件費が月50万円?わがままじゃないですか?

なぜ、こんな大きな取引先を確保できたの?

余力があることさえわかれば、あとは雑談モードになる担当者もいます。

そのようなことを想定すれば、面談の練習、ロールプレイングは「なんで、この売上予測になるんですか？　人を雇わず、この売上を実現するなんて無理ですよ！」など、融資担当者役のパートナーに**〝厳しめ〟の口調でやってもらったほうがよい**でしょう。

●面談の練習は実践形式で

面談の練習は実際の打ち合わせを想定して、パートナーと創業融資を受ける本人が対面でやります。創業計画書をテーブルの上に置き、創業計画書に沿った文字どおりのロールプレイングです。

「創業の動機ですが『事業を通して多くの人に

幸せになってもらいたい』って、それをこの事業で実現できますか？」

「一人で始めて人件費が月50万円？　高額で現実的ではないのですが、その理由は？」

「異業種に進出するあなたの実績から、こんな大きな取引先を確保できていることが理解できない。取引の相手から与信調査を受けたことはありますか？」

すでに創業計画書づくりの段階でクリアできていることでも、あらためて面談の場でいわれると、しどろもどろになってしまうこともあるでしょう。そうしたことが起こらないように、あらゆることを想定して事前に練習しておくのです。

●信頼できるパートナーは、同行前に通帳を細かく確認する

また、信頼できるパートナーは、面談の前に自己資金に関わる通帳をしっかり確認します。創業融資を受けたいとする人に関する情報をすべてシャットアウトして、「**通帳だけを精査する**」といってもよいでしょう。そのうえで、たとえば自己資金の出所について確認し、「ローンの返済、カードの支払はきちんとやっているか」などをチェックします。

創業計画書の提出や面談まで1年、2年といった時間がある場合には、「自己資金用の通帳」をつくり、そこに貯めておくことなども勧めてくれるでしょう。すべては創業融資を受けやすくするため、担当者が上司に上げる稟議書をまとめやすくするためなのです。

05 自分自身もパートナーも金融機関も！みんなスピードを重視する

●日本政策金融公庫の創業融資は即決で対応する

創業計画書の作成、創業融資の手続きなどは何よりスピードを重視します。

創業時には各自治体の制度融資もあります。ですが、信用保証協会の保証審査もあり、また、自治体ごとの手続きのルール・慣習もあるでしょう。

制度融資の実行には1か月から3か月程度の時間がかかります。その点、日本政策金融公庫の創業融資は早ければ**1週間で回答が出ます**。

あくまで早ければですが、1週間後には必要資金が口座に振り込まれ、安心して自信を持って事業のスタートを切ることができます。つまり、融資を受ける側がスピードを重視すれば、それに応えてくれるのが日本政策金融公庫の融資なのです（混雑度合いや不足資料の提出などで時間がかかる場合もあります）。

●パートナーとの打ち合わせは3回で十分

だからこそ重要なのは、申請する側がアレコレと逡巡しないことです。創業を目前に控えた創業計画書づくりも、初回の無料相談を除いて、この人と決めたら、**パートナーとの打ち合わせなどは、多くて3回**もあれば十分でしょう。

- **1回目は自分でまとめた創業計画書を見てもらう**
- **2回目は不備や不足な点、修正すべき点、用意すべきものなどを指摘してもらう**
- **3回目はでき上がった創業計画書をもとに面談の練習をする**

これで十分です。

創業計画書の内容については「近い将来像を示す」と前述しましたが、3年先、5年先の事業計画を示す必要はありません。

「もし、1年目でうまくいかなかったら、2年目以降は計画も融資したお金もムダになりますね」と融資担当者に思われるだけです。

前述しましたが、「事業の見通し」の欄（**123ページ図参照**）で、「軌道に乗ったとき」の損益も1年後というのはむしろ例外で、**6か月くらいで軌道に乗るように計画を立てておく**ことが必要です。換言すれば、「半年で軌道に乗せられる小さなビジネスに対して、数百万円の小口の融資

パートナーとの打ち合わせは3ステップで！

step 1
自分でまとめた創業計画書を見てもらう

step 2
不備や不足な点、修正すべき点、用意すべきものなどを指摘してもらう

step 3
でき上がった創業計画書をもとに面談の練習をする

point
スピード感を持って、創業融資を獲得する意識を高めていく

を速攻で実行する」のが日本政策金融公庫の創業融資のビジネスモデルと考えてもよいでしょう。

繰り返しになりますが、「軌道に乗る」とは「キャッシュフローがプラスになること」です。創業の熱意がどれだけ高く、高度なビジネスモデルでも、キャッシュフローがプラスにならなければ創業した意味がありません。

少なくとも、融資担当者はそう考えています。創業融資を実行してくれた期待に応えるためにも、何よりもスピード重視だということを肝に銘じておきましょう。

●スピード感に欠けるあなたに！

「創業はスピードだ！」と声高にいうと、なかには「私、行動力がなくて、そんなにテキパキ

とものごとを進められなくて……」という人もいます。

でも、心配は無用です。創業計画書を書いた時点で、あなたは立派に行動力を発揮しています。

書いたほうがいいと思っていても書けない人がたくさんいて、少ない自己資金だけでビジネスを始め、スタート時点ですでにつまずいている人もたくさんいるのです。

その創業計画書には創業・開業・出店の日付が入っているでしょうか。入っていれば、それだけで優秀です！　創業予定者のなかの〝トップ3％〟に入っています。その**日付を入れることが、行動力があることを証明**しています。

しかも、その創業計画書を持ってパートナーにアドバイスがほしいと相談しているならば、よりあなたの行動力は証明されていると思ってよいでしょう。

「あなたは、すでに立派に動き始めています。大丈夫ですよ！」

こう勇気づけてくれる税理士やコンサルタントをパートナーとして選びたいものです。

06

創業の意気込みを明確にするため「借入額」は最後に書き込む

●なぜ、融資希望額を最後に書き込むのか

パートナーにアドバイスを受け、創業計画書を書き直す場合、創業融資の額すなわち借入希望額は最後に埋めることになるケースが多々あります。そのほかの事項について記入でき、記入した内容の筋道が通っていれば、**計画書どおりに実現するため、いくら足りないのか**が明確になり、その額が借入額となるからです。

●すべての辻褄を整えた段階で「では、いくら足りないのか」と考える

税理士やコンサルタントの数回のアドバイスでも、あなたは多くのことを学んだはずです。日本政策金融公庫で融資を受ける場合、自分一人で事業はできると思っていたけれど、計画書をつくり上げていく段階で、「もとのままでは国が支援するほどのビジネスではなく、人を雇って人件費を

払うビジネスで、初めて国が政策的に支援したい事業になる」ということも学んだでしょう。

「ちょっと釣り具店を始めてみたいんです」

最初の動機はそのくらいのことだったかもしれません。しかし、

「趣味の延長ではないですよね」

「自分が、釣りが趣味だからって、ホントに売れるんですか？」

「毛針のつくりを『友だちがほめてくれた』って、それでホントにお客さんが入るんですか？」

「アイテムが増えると、在庫管理やたな卸しなど大変ですよ。そういった緻密な作業もあなたにできますか？」

などのパートナーからの客観的な意見を通して、「経営者の何たるか」も理解できたはずです。

そうなれば、経営者としての発想で面談の練習もできます。

店舗展開についても、「ただ多店舗化したい」というだけでなく、「2店目の出店の意義」を語れるはずです。「将来は人員を採用して……」という意気込みも、教育のしくみを盛り込んだ計画を踏まえて対応できるでしょう。

そういった根拠のある意気込みのなかには、創業計画書に「セールスポイント」として書き込めることもたくさんあります。たとえば、「××社では新規店の採用・人材育成を任され、着実に新規店を軌道に乗せてきた。その経験を自分が開く店でも活かして人材を育てる」といったことなど

を記入できるはずです。

そのセールスポイントを活かした創業計画書で、それを実現するには創業当初の段階で500万円が必要となれば、その額を書き入れます。

このような金額をはじき出す作業は税理士に〝一日の長〟があります。**税理士がパートナーであれば、融資担当者との面談の前に、お金に関するアドバイスも受けることができ、より的確な必要資金をはじき出すこともできます。**

その額が融資希望額となり、その融資が可能かどうかを融資担当者が面談で確認し、審査するのです。

07

思いどおりにいかないからこそ資金を借りて事業をスタート

●「事業は思いどおりにいかないもの」だからこそ、お金を借りる

事業は決して思いどおりにはいきません。

思いどおりにいくと思っている人がいるとしたら、それはあなただけかもしれません。パートナーとなる税理士やコンサルタントも、金融機関の融資担当者も皆、「思いどおりにはいかないものだ」と思っています。

しかし、思いどおりにいかないものと思って計画するからこそ、問題や課題が明確になり、そのときの対処法を考えることができるのです。すなわち創業融資は思いどおりにいかないことを前提に計画書をまとめ、実行されるものなのです。

創業融資の「タイムレバレッジ」

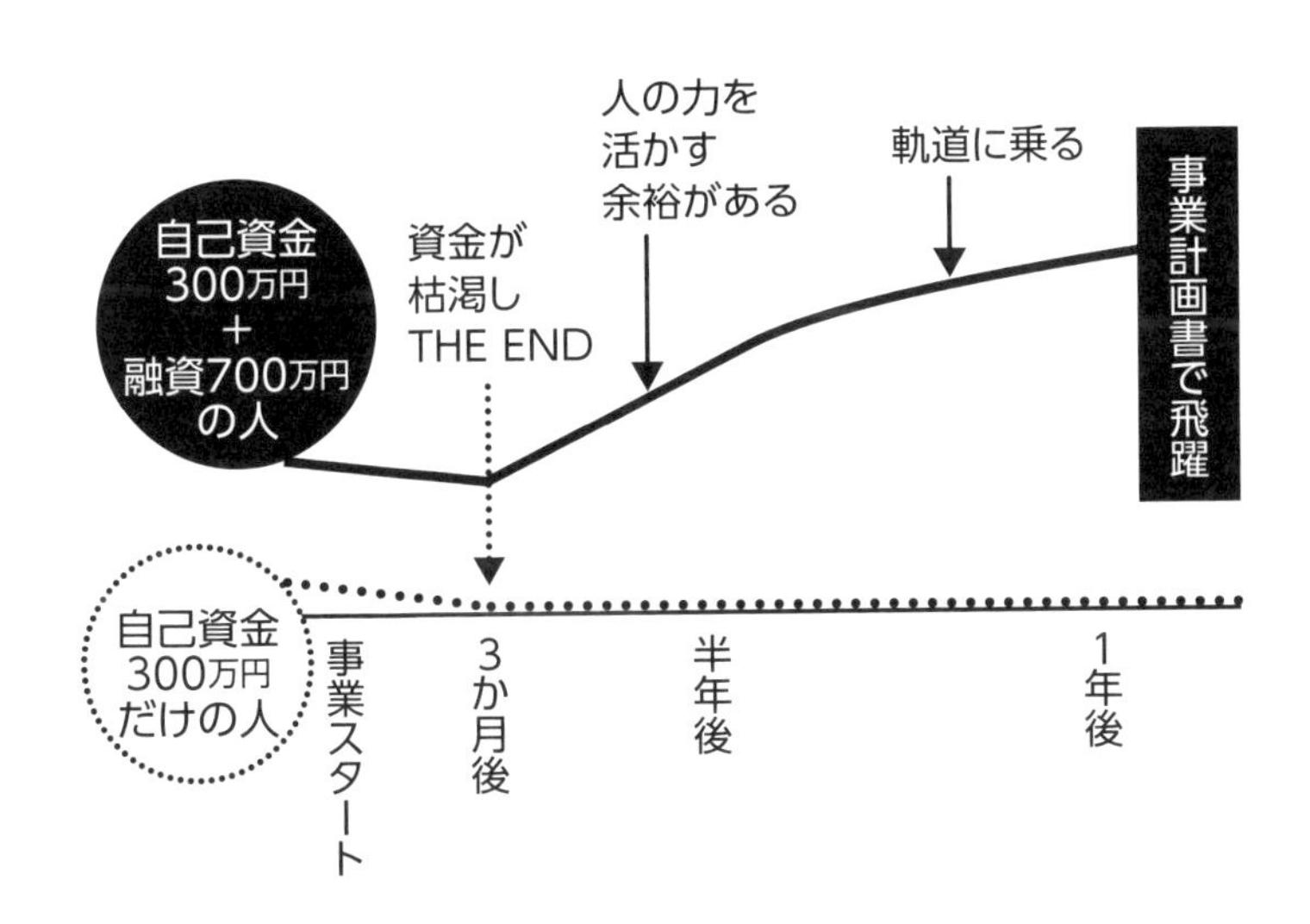

●「創業融資で時間を買う」と再認識

ところで、あなたは次のどちらのほうが、事業の成功確率が高いと思いますか。

- **「わからない、大変なことが起きた」と驚き、あたふたとして止まってしまう**
- **「わからないものはわからない」と考え、わからないなりに進んで、その判断ミスから学んで改善していく**

明らかに後者でしょう。後者の選択をするには、いろいろな人の力が必要です。その力の一つとして創業融資があるのです。

「創業融資は時間を買うことだ」と本書の第1章で述べましたが、まさに創業融資は事業を営みながら思い悩み、学び、決心する時間を与えてくれるのです。

パートナーとなる税理士やコンサルタントも、その時間を買うためにアドバイスし、手助けするという気持ちが大切です。そんな心意気のパートナーと一緒に創業計画書をまとめれば、たった一人で創業を考えていた人も「ビジネス・経営は人の力を借りて行うもの」ということが理解できるでしょう。

●創業融資は目的でなく手段

ロールプレイングに慣れる頃には、創業計画書の作成が創業融資を受けるための手段であることにあらためて気づきます。これまではあたかも目的・目標のように感じていた創業計画書の作成が、創業融資を受けるための単なる手段になるのです。

そうなれば、なぜ、税理士やコンサルタントが時間をかけずに作成できるか、自己満足におぼれる書き方になってしまうのがなぜいけないのか、融資担当者が「なぜ、この部分はたいして読まず、何か書いてあればOKだと考えるのか」もよくわかってくるでしょう。

そして、創業融資が口座に振り込まれれば、「創業融資を受けること」も目的ではなく、創業するための手段であったことに気づくでしょう。

08 創業計画書が完璧なら制度融資も補助金も大丈夫！

●あなたも、申請のプロになれる！

日本政策金融公庫の創業計画書は、明快でよくできた書式です。創業融資を受けるために、必要で十分なことが網羅されています。

この書式をきちんと作成できるようになると、前述した自治体の制度融資はもちろんのこと、補助金の必要書類の作成もスムーズにできるはずです。

これは、「転記すれば大丈夫」ということではありません。それぞれの融資・補助金・助成金制度によって提出すべき書類は異なりますが、創業に関わる融資・補助金の書式には対応できるということです。**〝作成のツボ〟がわかるようになる**といったほうが理解しやすいでしょうか。

制度融資のほとんどは銀行等の金融機関が窓口になり、信用保証協会の保証を受けて融資が実行されます。申請書類のチェックなどを行うのは、信用保証協会の担当者です。

創業時にも使える主な助成金・補助金

- □ 各自治体の創業補助金・助成金
- □ 小規模事業者持続化補助金
- □ IT導入補助金
- □ ものづくり補助金
- □ キャリアアップ助成金

自治体ごとに制度名は異なり、
融資の利子補給、信用保証料の補助のほか、
店舗の家賃補助、ホームページ作成
費用補助などの補助金制度もある

提出する書式の内容は公庫の創業計画書とほとんど変わりませんし、信用保証協会の面談では、事業内容に加えて家計簿的な部分、「日々の生活のやりくりはどのようにやっていますか」といったことを聞かれる程度です。

それを踏まえて、「貸せる相手かどうか」を判断するのです。

●補助金の申請も恐るるに足らず

創業時の補助金も**上図**に示すようにいくつかあり、ピンポイントで選択していく必要があります。

受給要件や金額、申請時に提出する書式はさまざまですが、実態としては、創業計画書がしっかり作成できれば大丈夫。創業計画書のどの部分にウェートを置くかが、それぞれの補助金の主旨やあり方によって異なる程度といえます。

実はかつては創業時に活かせる補助金はたくさん予算があったのですが、年々、廃止・縮小されています。また、名称・受給要件などが変わって存続しているものもあります。

それらの補助金についての詳細は省きますが、きっと、創業計画書を完成させ、創業融資を受けるまでに用意した各種の資料が役立つことも多いはずです。

また、しっかりしたパートナーと顧問契約などの継続的な取引関係ができていれば、必要に応じてアドバイスを受けられます。

09

事業の成功要素を理解し事業計画書に発展させよう

●金融機関は貸し先を探している

低金利時代で、起業の機運も高い。いまは創業融資がもっとも借りやすい時期と考えてよいでしょう。ところが、融資する立場に立つと、「貸せる相手が少ない」のが実情です。正直なところ、起業の機運が高まる一方で、それを「貸し先」として考えると、確信をもって貸せる相手はそれほど多くはないということでしょう。

だからこそ、金融機関は貸し先を探しているのです。創業融資であれば、日本政策金融公庫は貸し先を探しているのが実情です。

借りる側からすると、創業して半年も経てば、融資を受ける際に試算表を求められます。さらに、1年目の決算の数字は赤字であることがほとんどでしょうが、そうなると、より借りにくい状況になってきます。

成功するために大切なこと

- □ **優れたアイデア**
  わかりやすいかたちにして取引先などに示す！
- □ **事業に関する経験**
  自分が勤めていた会社と同業種が有利！
- □ **幅広い人脈**
  社内外の協力・助力が不可欠！
- □ **綿密な情報収集**
  統計データとともに自分でつかんだ生きた情報を！
- □ **自己資金**
  できる限り蓄えていることが重要！

創業時なら貸してくれる状況だったのに、1年経つと貸してもらえない状況になってしまう。創業融資を受けることが大切な理由はここにもあるのです。

●創業者が努力すべき五つのポイント

創業を成功に導く要素については、さまざまなことが挙げられます。「事業を絶対にやりとげる情熱」「いかなる窮地も乗り越える強い運」「創業時の時代背景」など、個人の能力や努力を超えた要素を挙げる人もいます。

しかし、それらとは別に、**上図**のように「個人で努力すべき重要なポイントもあります。「こういう企業・事業はより借りやすくなる」と考えてもよい視点です。

①**優れたアイデア**

提供する商品やサービスに関する同業者にはない優れたアイデアです。**アイデアをわかりやすいかたちにして取引先などに示す**ことが重要です。

②**事業に関する経験**

これから始めようとする事業について、単に知識として知っているだけではなく、十分な経験があることは融資の判断に有利に働きます。自分が勤めていた会社と同じ業種で創業する**「勤務経験活用型」の創業であれば成功率も高まります。**

③**幅広い人脈**

仕入先、販売先、自社の従業員といった多くの人から協力・助力してもらうことで、創業者は経営を成り立たせることができます。

創業時にどれだけの人脈を持ち、創業後にどれだけ人脈を広げられるかが、ビジネスの成長性を大きく左右するのです。

④**綿密な情報収集**

売上高と利益を的確に予測するには、各種の調査活動を通じて、十分な情報を収集しておくことが必要です。統計データなどを確認するだけでなく、**自分で実際に現地に行き、目で見て、耳で聞いて、生きた情報を集める**ように努力すべきです。

⑤自己資金

創業においても先立つものは資金です。自己資金をどれだけ準備できるかが、成功確率を高める大きなポイントです。創業前に自己資金をできる限り蓄え、ムダな支出を省けば、経営感覚を磨くことにもつながります。

この五つのポイントは、「創業資金を貸したい先」ということもできます。単刀直入にいうと、「返せる貸し先」に貸したいわけですが、「それは、どんな会社か、また創業者か」と問われると、このような五つのポイントを備えた会社・創業者ということになるでしょう。

ぜひ、皆さんも、このポイントを乗り越えられる経営をめざしてください。そして、そのことを踏まえて**事業計画書**をつくることができる企業をめざすのです。

大きなお金を活かせば、目標達成の確度が高まり、スピードがアップします。まずはその一歩を創業計画書で踏み出してください。そして、あなたの事業を、あなたの夢を、ぜひ実現させてください。本書がその一助となることを、私たちは心から願っています。

付録

融資を引き出す
創業計画書はコレ!

☆ この書類は、ご面談にかかる時間を短縮するために利用させていただきます。
なお、本書類はお返しできませんので、あらかじめご了承ください。
☆ お手数ですが、可能な範囲でご記入いただき、借入申込書に添えてご提出ください。
☆ **この書類に代えて、お客さまご自身が作成された計画書をご提出いただいても結構です。**

6 関連企業（お申込人もしくは法人代表者または配偶者の方がご経営されている企業がある場合にご記入ください。）

関連企業①	企業名		関連企業②	企業名	
	代表者名			代表者名	
	所在地			所在地	
	業種			業種	

7 お借入の状況（法人の場合、代表者の方のお借入）

お借入先名	お使いみち	お借入残高	年間返済額
○○銀行△△支店	□事業 ☑住宅 □車 □教育 □カード □その他	1,980 万円	79 万円
○○銀行△△支店	□事業 □住宅 ☑車 □教育 □カード □その他	150 万円	60 万円
	□事業 □住宅 □車 □教育 □カード □その他	万円	万円

8 必要な資金と調達方法

	必要な資金	見積先	金額	調達の方法	金額
設備資金	店舗、工場、機械、車両など（内訳）		221 万円	自己資金	300 万円
	商品保管棚	○○社	54	親、兄弟、知人、友人等からの借入（内訳・返済方法）	万円
	机、椅子、パソコン等	△△社	75		
	修理用機械、工具	□□社	92	日本政策金融公庫 国民生活事業からの借入	500 万円
				他の金融機関等からの借入（内訳・返済方法）	万円
運転資金	商品仕入、経費支払資金など（内訳）		579 万円		
	初期商品・修理用在庫確保		180		
	仕入代金、給与等経費支払い約3か月分		279		
	Webサイト改修、広告宣伝費		120		
	合計		800 万円	合計	800 万円

9 事業の見通し（月平均）

		創業当初	1年後又は軌道に乗った後（ ○ 年 ○ 月頃）	売上高、売上原価（仕入高）、経費を計算された根拠をご記入ください。
売上高①		132 万円	398 万円	【創業当初】 ①売上高 平均単価10万円×12個、メンテナンス12万円 ※実績値 ②原価率 70%※送料を含む ③人件費 役員25万円、パート10万円×1名 家賃 10万円 支払利息（内訳） 500万円×年1.8%÷12か月＝0.75万円 その他 通信費、光熱費等 12万円 【軌道に乗った後】 ①平均単価10万円×30個、メンテナンス38万円 ②当初の原価率を採用 ③人件費 20万円増（社員1人雇用） その他 諸経費13万円増
売上原価②（仕入高）		92 万円	279 万円	
経費	人件費（注）	35 万円	55 万円	
	家賃	10 万円	10 万円	
	支払利息	1 万円	1 万円	
	その他	12 万円	25 万円	
	合計③	58 万円	91 万円	
利益 ①−②−③		▲ 18 万円	28 万円	（注）個人営業の場合、事業主分は含めません。

10 自由記述欄（アピールポイント、事業を行ううえでの悩み、希望するアドバイス等）

これまでのご経験や事業内容の詳細が分かる計画書など、参考となる資料がございましたら、併せてご提出ください。

（日本政策金融公庫 国民生活事業）

※上記は日本政策金融公庫の創業計画書（フォーマット）をもとに、新たに作成した見本です。
本書のダウンロードサービスからダウンロードできます（巻末の「ダウンロードサービス」参照）。

創業計画書記入例 ❶

創　業　計　画　書

〔令和　○　年　○　月　○　日作成〕

お名前　株式会社○○

1　創業の動機（創業されるのは、どのような目的、動機からですか。）

前職で○○事業の立ち上げを担当し、軌道に乗せることができた。前職の入社前から起業に興味があり、前職にもいずれ
起業することを伝えて入社している。良い協力関係が構築できたため、これを機に起業した。こだわりが強い個人顧客が
付いているため、これまでに身につけたWebでの販売スキルを活用して事業を成長させる。

2　経営者の略歴等（略歴については、勤務先名だけではなく、担当業務や役職、身につけた技能等についても記載してください。）

年　月	内　容
平成○年○月～	（株）○○サービス（営業部）3年勤務※○○商品の副業2年
平成○年○月～	（株）○○商事（○○事業部）7年勤務（現在の月給35万円）
令和○年○月	退職予定（退職金70万円）
過去の事業経験	☑ 事業を経営していたことはない。 ☐ 事業を経営していたことがあり、現在もその事業を続けている。（事業内容：　　） ☐ 事業を経営していたことがあるが、既にその事業をやめている。（やめた時期：　　年　　月）
取得資格	☐ 特になし　☑ 有（ 情報処理安全確保支援士（令和○年○月）　番号等　　）
知的財産権等	☑ 特になし　☐ 有（　　☐ 申請中　☐ 登録済　）

3　取扱商品・サービス

事業内容	・国内外の一般顧客に対して○○の販売を行う ・販売した後の修理やメンテナンスにも対応する				
取扱商品・サービスの内容	① ○○商品の販売（売上シェア　90　%） ② ○○商品の修理、メンテナンス（売上シェア　10　%） ③（売上シェア　　%）				
客単価（飲食・小売等）	100,000 円	受注（販売）単価（建設・製造等）	万円　～　万円		
営業日数（月）（飲食・小売等）	24 日	定休日（飲食・小売等）	○曜日	営業時間（飲食・小売等）	11:00　～　20:00
セールスポイント	・国内外で根強い人気を持つ○○を安定的に安価で仕入れることができる ・○○の取り扱い経験が長く、日本語・英語でわかりやすい商品説明ができる ・前職の経験から、商品の目利きとメンテナンスに自信がある				
販売ターゲット・販売戦略	・前職（○○サービス）からの業務請負（令和○年○月○日契約締結済）を軸に、紹介や口コミで販路を拡大していく				
競合・市場など企業を取り巻く状況	・○○自体に人気があり、国内外で需要がある ・修理・メンテナンスまで一貫して行ってくれる企業が少ないため、成長が見込める				

4　従業員

常勤役員の人数（法人の方のみ）	1　人	従業員数（3ヵ月以上継続雇用者※）	1　人	（うち家族従業員）0　人 （うちパート従業員）1　人

※ 創業に際して、3ヵ月以上継続雇用を予定している従業員数を記入してください。

5　取引先・取引関係等

	フリガナ 取引先名	所在地等（市区町村）	取引先のシェア	掛取引の割合	うち手形割合 手形のサイト	回収・支払の条件
販売先	海外一般客		55 %	100 %	% 日	末 日〆　翌月10 日回収
販売先	国内一般顧客		45 %	100 %	% 日	末 日〆　翌月10 日回収
販売先		ほか　社	%	%	% 日	日〆　日回収
仕入先	カブシキガイシャマルマル 株式会社○○	○○市△△区	60 %	100 %	% 日	末 日〆　翌月末 日支払
仕入先	マルマルショウテン ○○商店	□□市○○区	40 %	100 %	% 日	日〆　翌月15 日支払
仕入先		ほか　社	%	%	% 日	日〆　日支払
外注先	マルマルカブシキガイシャ ○○株式会社	○○市△△区	100 %	100 %	% 日	末 日〆　翌月5 日支払
外注先		ほか　社	%	%	% 日	日〆　日支払
人件費の支払	末 日〆　翌月15 日支払（ボーナスの支給月　月、　月）					

☆　この書類は、ご面談にかかる時間を短縮するために利用させていただきます。
なお、本書類はお返しできませんので、あらかじめご了承ください。
☆　お手数ですが、可能な範囲でご記入いただき、借入申込書に添えてご提出ください。
☆　**この書類に代えて、お客さまご自身が作成された計画書をご提出いただいても結構です。**

6　関連企業（お申込人もしくは法人代表者または配偶者の方がご経営されている企業がある場合にご記入ください。）

関連企業①			関連企業②		
	企業名			企業名	
	代表者名			代表者名	
	所在地			所在地	
	業種			業種	

7　お借入の状況（法人の場合、代表者の方のお借入）

お借入先名	お使いみち	お借入残高	年間返済額
○○銀行△△支店	□事業　□住宅　☑車　□教育　□カード　□その他	150 万円	60 万円
	□事業　□住宅　□車　□教育　□カード　□その他	万円	万円
	□事業　□住宅　□車　□教育　□カード　□その他	万円	万円

8　必要な資金と調達方法

	必要な資金	見積先	金額
設備資金	店舗、工場、機械、車両など（内訳）		385 万円
	ノートパソコン等備品	○○社	65
	セキュリティ機器一式	△△社	320
運転資金	商品仕入、経費支払資金など（内訳）		115 万円
	Webサイト制作、初期広告費		50
	経費支払い（約1か月分）		65
	合計		500 万円

調達の方法	金額
自己資金	200 万円
親、兄弟、知人、友人等からの借入（内訳・返済方法）	万円
日本政策金融公庫　国民生活事業からの借入	300 万円
他の金融機関等からの借入（内訳・返済方法）	万円
合計	500 万円

9　事業の見通し（月平均）

		創業当初	1年後又は軌道に乗った後（　○年　○月頃）
売上高①		39 万円	121 万円
売上原価②（仕入高）		0 万円	0 万円
経費	人件費（注）	5 万円	7 万円
	家賃	10 万円	10 万円
	支払利息	2 万円	2 万円
	その他	20 万円	22 万円
	合計③	37 万円	41 万円
利益①－②－③		2 万円	80 万円

売上高、売上原価（仕入高）、経費を計算された根拠をご記入ください。

【創業当初】
①売上高　診断@6万円×5件、サポート@3万円×3件
③人件費　専従者1人（妻）5万円
　家賃　10万円
　支払利息（内訳）　500万円×年○.○%÷12か月
　　　　　　　　　　400万円×年○.○%÷12か月　計2万円
　その他　光熱費、消耗品等　20万円

【軌道に乗った後】
①診断@6万円×10件、サポート@3万円×12件、紹介料25万円
③人件費　2万円増
　その他　諸経費2万円増

（注）個人営業の場合、事業主分は含めません。

10　自由記述欄（アピールポイント、事業を行ううえでの悩み、希望するアドバイス等）

これまでのご経験や事業内容の詳細が分かる計画書など、参考となる資料がございましたら、併せてご提出ください。
（日本政策金融公庫　国民生活事業）

※上記は日本政策金融公庫の創業計画書（フォーマット）をもとに、新たに作成した見本です。
本書のダウンロードサービスからダウンロードできます（巻末の「ダウンロードサービス」参照）。

創業計画書記入例 ❷

創 業 計 画 書

〔令和　○ 年　○ 月　○ 日作成〕

お名前　株式会社○○

1　創業の動機（創業されるのは、どのような目的、動機からですか。）

これまでサーバーのセキュリティ対策を中心に仕事をしてきたが、中小企業の多くが担当者もいない状態であり、どれだけ危険な状態かを認識していない状況を知るにつれ、大きなビジネスチャンスがあると考えた。これまでの経験で、その場で問題を見つけることができれば8割以上が契約してくれることがわかり、起業を決意した。

2　経営者の略歴等（略歴については、勤務先名だけではなく、担当業務や役職、身につけた技能等についても記載してください。）

年 月	内 容
平成○年○月	○○大学△△学科卒
平成○年○月～	（株）○○コンサルティング（サーバーセキュリティ対策部門）15年勤務（当時の月給40万円）
令和○年○月	退職（退職金）200万円
現在	創業準備中
過去の事業経験	☑ 事業を経営していたことはない。 □ 事業を経営していたことがあり、現在もその事業を続けている。（事業内容：　　） □ 事業を経営していたことがあるが、既にその事業をやめている。（やめた時期：　年　月）
取得資格	□ 特になし　☑ 有（ 情報処理安全確保支援士（令和○年○月）　番号等　○○○○　）
知的財産権等	☑ 特になし　□ 有（　　□ 申請中　□ 登録済　）

3　取扱商品・サービス

事業内容	中小企業向けのセキュリティ診断・サポートを行う。機器が揃っていない会社に対してはセキュリティ機器の販売も行う。				
取扱商品・サービスの内容	① 中小企業向けセキュリティ診断・サポート　（売上シェア　80 %） ② セキュリティ機器販売（紹介）　（売上シェア　20 %） ③　（売上シェア　%）				
客単価（飲食・小売等）	円	受注（販売）単価（建設・製造等）	3 万円 ～ 6 万円		
営業日数（月）（飲食・小売等）	20 日	定休日（飲食・小売等）	土日祝日	営業時間（飲食・小売等）	10:00 ～ 18:00
セールスポイント	・6万円の成功報酬で、その場で疑似アタックを行って見せることで、今すぐ対策をしなければいけない問題を発見し、解決可能な機器を紹介することができる。 ・毎月3万円で遠隔サポートができる				
販売ターゲット・販売戦略	・元勤務先（○○コンサルティング）での顧客からの紹介を軸に、平行して営業を行い、受注の幅を広げる				
競合・市場など企業を取り巻く状況	・サーバーセキュリティ対策をしている企業が少なく、需要が大きい				

4　従業員

常勤役員の人数（法人の方のみ）	人	従業員数（3ヵ月以上継続雇用者※）	1 人	（うち家族従業員）1 人 （うちパート従業員）0 人

※ 創業に際して、3ヵ月以上継続雇用を予定している従業員数を記入してください。

5　取引先・取引関係等

	フリガナ 取引先名	所在地等（市区町村）	取引先のシェア	掛取引の割合	うち手形割合 手形のサイト	回収・支払の条件
販売先	一般中小企業		100 %	100 %	% 日	日〆　翌月末 日回収
			%	%	% 日	日〆　日回収
		ほか　社	%	%	% 日	日〆　日回収
仕入先			%	%	% 日	日〆　日支払
			%	%	% 日	日〆　日支払
		ほか　社	%	%	% 日	日〆　日支払
外注先			%	%	% 日	日〆　日支払
		ほか　社	%	%	% 日	日〆　日支払
人件費の支払	末 日〆	翌月25 日支払（ボーナスの支給月　月、　月）				

編集協力者紹介

創業・起業を支援する士業の会

飯塚(いいづか)　正裕(まさひろ)

税理士・行政書士

創業支援に力を入れており、事務所内に「創業・制度融資支援センター」を設置し、創業融資を積極的に活用している。融資に必須の事業計画書は、融資のためだけでなく、今後の経営の指標となるものを作成することを心掛けている。クライアント様の事業の成長に積極的に関わらせて頂きながら私自身も成長させて頂いております。

【飯塚税理士・行政書士事務所／MS アカウンティングサポート㈱／創業・制度融資支援センター】
〒 101-0024　東京都千代田区神田和泉町 1-2-5-4F
TEL：03-5839-2679　FAX：03-5839-2689
E-mail：iizuka@iizuka-tax.com　URL：http://zeirisi.tokyo.jp

平川(ひらかわ)　昌彦(まさひこ)

税理士・行政書士・ＩＴコーディネータ・経営士

税務申告、決算のみならず、実践的かつ戦略的な経営アドバイスで中小企業経営者をサポートする会計事務所です。また、経営革新支援機関として、経営改善計画支援や経営革新計画の策定フォロー、会社設立、財務戦略、補助金・助成金支援、銀行融資対策、事業承継、事業・財務リストラ、Ｍ＆Ａなど経営上の諸問題についてワンストップサービスを提供します。

【平川昌彦税理士事務所】
〒 432-8047　静岡県浜松市中央区神田町 461-8
TEL：053-545-5570　FAX：053-545-5571
E-mail：hirakawa@c-assist.net　URL：http://www.c-assist.net　https://c-assist.com

村田(むらた)　幸雄(ゆきお)

公認会計士・税理士・代表税理士

決算と申告業務に加えて、税理士を超えた経営パートナーとして、「会計税務の専門家」×「経営者の右腕」のハイブリッド・サービスを提供します。会計事務所をお客様の「学びの場」とし、ＤＸ力、コンサル力、人間力で支援します。創業後の頼れる相談相手としても是非お選びください。

【スタートアッププロ（税理士法人サンコウ内）】
〒 541-0047　大阪市中央区淡路町 4-3-6 創元社ビル 3 階
TEL：0120-850-999　FAX：06-6210-2081
E-mail：toiawase@startuppro.jp　URL：https://www.startuppro.jp/　https://www.bizup.jp/member/sankou/

監修者
西内孝文（にしうち・たかふみ）
税理士、特定社会保険労務士、中小企業診断士、特定行政書士、ＣＦＰ®の複数の資格を活用し、ユナイテッド・アドバイザーズグループの代表として、ワンストップサービスを展開。創業融資や創業支援に力を入れており、創業者がしっかりとしたスタートを切れるよう全力で支援している。着手金なしの成功報酬で補助金・助成金、その他各種支援策の支援を数多く行っており、自らもいち早く各種支援策を活用することで、実際に使えるソリューションをクライアントに自信を持って提案するというスタイルを貫いている。

編集協力
創業・起業を支援する士業の会
創業融資の獲得支援をはじめ、総合的な創業・起業サポートを行っている事務所です。税務・会計はもちろんのこと、円滑な事業活動の支援や資金調達など、会社全体の様々な問題を解決します。

著者
エッサム
昭和38年（1963年）の創業以来、一貫して会計事務所及び企業の合理化の手段を提供する事業展開を続けております。
社是である「信頼」を目に見える形の商品・サービスにし、お客様の業務向上に役立てていただくことで、社会の繁栄に貢献します。

ダウンロードサービス

本書で紹介している創業計画書の記入例に加え、日本政策金融公庫の担当者との面談の前に活用できるセルフ・チェックシートを読者特典としてダウンロードできます。とくにセルフ・チェックシートは、創業予定の方が「面談でどんな質問を受けるのか」を事前に知っておくために有用です。また、セルフ・チェックシートの埋められるところを書き込んでから、創業計画書をまとめてみてもよいでしょう。税理士や行政書士、経営コンサルタントなど創業を支援するパートナーの方々との正式依頼後の1回目の面談時（28ページ参照）に創業計画書とともに持参することもおすすめです。

実際の面談は面談を受ける方の状況などによって変わります。ですから、ぜひ積極的に質問項目をアレンジしてみてください。創業予定の方もパートナーの方も、自分なりにアレンジしたセルフ・チェックシートを活用すれば、確実に面談に強い人になれます。

アドレス　https://www.essam.co.jp/syoseki/29dl.html

解凍パスワード　sogyo

ご利用上の留意点

- ファイルを利用したことによって生じた損害については、著作権者及び発行元は一切の責任を負いません。
- ファイルを利用したことによって生じたパソコン等の不具合については、著作権者及び発行元は一切の責任を負いません。
- ウィルス感染等による被害防止については、各自が責任を持ってご対応ください。
- 各ファイルはMicrosoft Office Excel によって作成したものです。使用される環境によっては書式形式などが正しく表示されないこともあります。ご了承ください。

改訂新版
融資を引き出す創業計画書 つくり方・活かし方 〈検印省略〉

2025年 3 月 15 日 第 1 刷発行

監 修 者——西内 孝文
編集協力者——創業・起業を支援する士業の会
著 者——エッサム
発 行 者——田賀井 弘毅

発行所——株式会社あさ出版
〒171-0022 東京都豊島区南池袋 2-9-9 第一池袋ホワイトビル 6F
電 話 03 (3983) 3225 (販売)
03 (3983) 3227 (編集)
F A X 03 (3983) 3226
U R L http://www.asa21.com/
E-mail info@asa21.com
印刷・製本 (株)シナノ

note http://note.com/asapublishing/
facebook http://www.facebook.com/asapublishing
X https://x.com/asapublishing

ISBN978-4-86667-740-8 C2034